حوکمڕانی و دەسەڵات

بەرەو بنیاتنانەوەی چەمکی
گەل، دەوڵەت، بانگەواز

نووسینی : تەها جابر عەلوانی

وەرگێڕانی : عومەر عەلی بێژاوایی

چاپی ئەمازۆن

٢٠١٨

حوکمڕانی و دەسەڵات بەرەو بنیاتنانەوەی چەمکی
گەل، دەوڵەت، بانگەواز
لە بڵاوکراوەکانی سەنتەری زەهاوی بۆ لیکۆڵینەوەی فیکریی
ژمارە (٥١)

- نووسینی: د. تەها جابر عەلوانی
- وەرگێڕانی: عومەر عەلی بێژاوایی
- بابەت: هزری
- چاپ و دیزاین: ناوەندی ڕێنوێن
- نۆرەی چاپ: یەکەم

لە بەڕێوەبەرایەتیی گشتیی کتێبخانە گشتییەکان
ژمارەی (١٦١٦)ی ساڵی (٢٠١٧)ی پێدراوە

لینکی چاپی ئەمازۆن :
https://www.amazon.com/dp/1727226526
ISBN-13: 978-1727226522
ISBN-10: 1727226526

ناوەرۆك

پێشەكی وەرگێر ٥

پێشەكی نووسەر ٩

يەكەم: پێشەوايەتی پرسێكی دنياييە ١٦

دووەم: دەروازەيەك بەرەو تێگەيشتن لە چەمكی حوكمڕانی

لەلای گەلانی رابردوو ٣٤

سێهەم: حوكمڕانی خوايی لە تێڕوانينی جوولەكە و گاورەكانەوە .. ٥١

١- حوكمڕانی خوايی لە تێڕوانينی جوولەكەوە ٥١

٢- حوكمڕانی خوايی لای نەصرانييەكان ٥٧

چوارەم: حوكمڕانی خوايی و كۆتا پەيام ٧٠

پێنجەم: حوكمڕانی بەو مانايەی چەمكێكی ورۆژێنەرە ٨٧

شەشەم: بەرەو دووباره دارشتنەوەی عەقڵی موسڵمان

لە پرسی حوكمڕانيدا ١١٧

١- رۆڵی گەل لە پەيوەندی نێوان كتێب "قورئان" و

دەسەڵاتداردا ١١٨

٢- شێوازی پەيوەندی نێوان دەسەڵاتدار و هاووڵاتيان ١٢٣

أ- خيلافەتی ئيسلامی ١٢٣

ب- دەوڵەتی نوێ ١٢٦

ت- رزگاريكار ١٢٩

كۆتايی ١٤٠

بەناوی خوای بەخشندەی میهرەبان

پێشەکی وەرگێڕ

"د. تەها جابر عەلوانی" بە یەکێک لە بیرمەندە ناودارەکانی جیهانی
ئیسلامی دەژمێردرێت و خاوەنی چەندین تۆژینەوەی گرنگە، ئەم
تۆژینەوە کورتەیش — وەك نووسەر خۆی ئاماژەی پێکردووە —
دەروازەیەکە بۆ چوونه ناو بابەتێکی زۆر هەستیاری وەك چەمکی
"حوکمڕانی".. هەرچەنده بابەتی حوکمڕانی لە روالەتدا پەیوەندی به
ژیانی دنیای بەندەکانەوە هەیە، بەلام به وردبوونەوه و تێفکرین له زۆرێك
له ئایەتەکانی قورئانی پیرۆز و کاروانی ژیانی کۆتا پێغەمبەر (د.خ) و
پێغەمبەران بەگشتی دەردەکەوێت پەیوەندیەکی لێکئالێنراوی هەیه به
هەردوو ژیانی دنیا و ڕۆژی دوایی مرۆڤەکانەوە، له هەردوو رووی هێنانی
خۆشبەختی یاخود سزا و مەینەتی، بۆیه ئەوەی زۆرێك له خاوەن فیکر و
نووسەر و وتاربێژان پێناسه و وەسفی کتێبەکەی خوای گەورە "قورئانی
پیرۆز" وەك بەرنامه و پرۆگرام و کەتەلۆگ دەکەن و پێیانوایه هەلگۆزین و
هەلێنجانی رێسا و یاساکان له چوارچێوەی رێنماییەکانی قورئاندا و
جێبەجێکردنیان دەبێتە مایەی بەرپابوونی دادگەری له دنیادا و
سەرەنجامیش سەرفرازی ڕۆژی دوایی..

له بەرامبەریشدا بەدرێژایی مێژووی مرۆڤایەتی، زۆرێك له
دەسەلاتداران — پێدەچێت وەك سروشتێکی ئادەمیزادانه— بەرپابوونی

دادگەری و عەدالەت بە جۆرێك لە كەمكردنەوەی دەسەڵاتی خۆیانی بزانن، یان وای دەبینن لەسەر حسابی بەرژەوەندیەكانی ئەوان دەبێت، یاخود دەبێت دەرەنجامی سروشتی هەوەسبازی مرۆڤەكان بێت بۆ پاوانخوازی و خواستی راكێشانی هەندێك لە ماف و دەسەڵاتەكانی خوای گەورە بۆ خۆیـان، وەك لـە زۆرێـك لـە سـەرگوزەشـتە قورئانیەكانـدا دەربـارەی سـتەمكاران و فیرعەونـەكان ئامـاژەی پێكـراوە، هـەروەك ئـەم ئایەتـە پیرۆزەش: (أرأیت من اتخذ الهه هواه) ئامـاژەی راستـەوخۆی پێكردووە، دەسەڵاتداران و حوكمڕانەكانیش بەدرێژایی مێژوو بۆ بەدەستهێنانی ئـەو خواستەیان درێغییان نەكردووە و كەسایەتی و لایـەن و گرووپـە ئایینی و خودی ئایینیشیان بۆ بەرژەوەندی خۆیان بەكارهێناوە و بەكاریاندەهێنن لە ڕێگای ترازاندنی زۆرێك لە چەمكەكان لـە مانا و مەبەستی خۆیان، تـا بیانكەنە پاڵپشتێكی تۆكمە بـۆ سـەقامگیركردنی دەسـەڵات و قەڵـەمڕەوی خۆیان.

نووسەریش بە دید و هزری بەبڕشتی، تیشكی خستۆتە سـەر چـەند چەمكێكی گرنگ لەو چەمكانە و لێكدانەوە و تێڕامانی جوان و بەپێزی بۆ كردوون، كە شیاوە ببێتە مەڵۆیەكی سەر خەرمانی كتێبخانـەی كوردی و سەرەتایەك بۆ لێكۆڵینەوەی چڕوپڕتر و دەوڵەمەندتر لە هـەر یـەكێك لـە بابەتەكان، كە لە دووتوێی ئەم پەرتووكەدا ئاماژەی پێكراوە.

ئەم کەڵە زانایەی وڵاتی عێراق، لە مانگی نیسانی ٢٠١٦ گەڕایەوە بۆ سۆز و میهری خوای باڵادەست، خوای گەورە لێی خۆش ببێت و جێگاکەی پڕ بکاتەوە .

وەرگێڕ

عومەر عەلی بێژاوایی

٢٠١٧/١/٢٥

پێویسته به‌ سوپاسه‌وه‌ ئاماژه‌ بۆ ئه‌وه‌ بكه‌م كه‌:

- بۆ مانای ئایه‌ته‌كانی قورئانی پیرۆز به‌بێ ده‌ستكاریی "ته‌فسیری ئاسان"م به‌كارهێناوه‌.

- به‌هه‌مانشێوه‌ بۆ ده‌قه‌كانی ته‌ورات و ئینجیلیش په‌یجی "كتێبی پیرۆز"م به‌كارهێناوه‌.

پێشەکی نووسەر

ئـەم تـوێژینـەوەیـە زۆر نـاوەسـتێت لەئاسـت شیتەڵکردنی لایـەنی زمانـەوانی و زاراوەیـی چـەمکی "حـوکمڕانی"، چـونکە چـەمکەکان لـە زاراوەکان جیاوازن، لە حاڵـەتی شیتەڵکردنی هەر زاراوەیـەك لە زاراوەکان لـەوانەیـە ئەوەنـدە بـەس بێت کـە تـوێژەر ریشـەی زاراوەکـە لـە ڕوو زمانەوانیەکـەیـەوە دیـاری بکـات و زانیـاریشی هـەبێت دەربـارەی واتـا زمانەوانیەکـەی، پاشـان هـەنگاونان بـەرەو بەکارهێنـەرەکانی لەلایـەن ئەوانەی شارەزان لە زاراوەکاندا، لـە هـەموو لایەنـە جۆراوجۆر و بـە واتـا زمانەوانیەکانیەوە، دەرەنجام -پاش ئـەوە- گەیشـتن بـە تێڕوانینێك بـۆ زاراوەکـە و ئـەوەی مەبەسـتە لێـی و دەلالـەتی لێ دەکـات، پاشـان تـوێژەرەکان دەتـوانن لە زاراوەکەوە بگەنە جۆرێك لـە دیاریکردنی ئـەوەی کە لەوانەیە کۆتایی بهێنێت بە دانانی سنوورێکی کۆکەرەوە و دابڕێنـەر بۆی، یاخود — لە کەمترین حاڵەتدا— یارمەتیـدەربێت بۆ پێشکەشکردنی دیـدێك و وێنـاکردنێکی ڕوون، بـەڵام چـەمك — هـەروەك لـە حاڵـەتی "حوکمڕانی خوایی"شدا هەر بەو جۆرەیە— خۆی لە ریشەیەکی فەلسـەفی و فیکـری و رۆشـنبیری پـەرش و بـڵاو و فـرە ئاڕاسـتەدا دەبینێتـەوە، بەهەمانشێوە لق و ئاڕاستە جۆراوجۆرەکانیشی خۆی لە خولگە فەلسـەفی و رۆشنبیرییەکەدا بە فراوانبوون یان تەسکبوونەوە دەبینێتـەوە، بەڵام لە هەموو حاڵـەتەکاندا پەیوەستبوونێکی پتەوی هەیە بەو بوارە مەعریفیـەوە

که چەمکەکە دەیخوازێت، ئەوکات چەمکەکە پەیوەست دەکات بە سەرچاوە مەعریفیەکەیەوە، هەروەها بە دیدە مەعریفی و فەلسەفی و مەبەستەکان، لەچوارچێوەی ئەو مەرجەعیەت و واقیعە مێژووییەدا ئەگەر لە مێژوودا پەیکەرێکی بەرجەستەی هەبێت، ئەوەشی بۆ زیاد بکرێت کە هەندێک لە چەمکە ئیسلامییەکان خەریکە لە خودی خۆیاندا ببنە کارەکتەرێک کە دەکرێت ناوی بنێین پسپۆڕی ورد، وەک لە زمانی زانستی هاوچەرخدا هاتووە، بەجۆرێک ئەگەر بویسترێت تویژێنەوە و راڤەی بکرێت و بخوێندرێت بەو ئاستەی کە باسمان کرد، پێویستی بە دەیان کاژێری تویژێنەوە بگرە پێویستی بە سەدانیش هەیە، بەتایبەتی ئەگەر چەمکەکە لەئاست چەمکی "حوکمڕانی خوایی"دا بێت لە دیدی ئیسلامەوە.

تا راستیێتی ئەم بانگەشەیەی من روونتر ببێتەوە، دەمەوێت ئاماژە بکەم بۆ تۆڕێک لە زاراوەکان یان چەمکە لاوەکیەکان، کە چەمکی "حوکمڕانی خوایی" دەیخوازێت لەکاتی تێڕوانین و هەوڵی شیتەڵکردن بۆی، کە لە پێکهاتەکەیدا پشتی پێ دەبەسرێت و پێویستە خۆی لەو نێوەندەدا روونبکاتەوە، زۆریش گرانە — ئەگەر نەڵێین ئەستەمە— پەی ببرێت بەم چەمکە بەبێ هەرسکردنی ئەو تۆڕە و ئاگابوون لێیان، لەو چەمکانەش چەمکی ئایین، چەمکی خواپەرستی، چەمکی حوکمڕانی بە هەموو واتا جۆراوجۆرەکانیەوە، ئیتر ئەگەر بەواتا شەرعیەکەی هاتبێت، یان بە واتای تەشریعی، یاخود بە واتا عورفیەکەی، هەروەها چەمکی یەک خواپەرستن (الألوهیة) و دروستکردن و پەرستش و دونیا و کۆتایی،

چـهمکی گوتـار، حـهڵاڵ و حـهرام، رهها و ڕێژهیی، گشـتی و تایبـهت، شـهریعهتهکان، یهکێتی ئایین، زهوی و زۆرێکی تـر لـه کاروبارهکان، که ئهستهمه پهی ببرێت به ههموو لایهنه جۆراوجۆرهکانی ئهو چهمکانه بهبێ بوونی زانیاری دهربارهیان و ڕیزبهندکردنیان.

بهچاوپێشینیش لهو جیاوازیه که ههیه لـه سروشت و ئاستی ئهو زاراوهو چهمکانهی که دهورهدراون به چهمکه بنهڕهتیـهکانیان — ئهوهی که ئێمه باس و توێژینهوهی بۆ دهکهین— ناتوانرێت بهتهواوی پهی ببرێت بـه حهقیقـهت و لێحاڵیبوون لێـی بـهبێ بـوونی زانیاری بـه ئاستێک لـه ئاسـتهکانی ئـهو زانیارییـهی بـۆ تێگهیشـتن و توێژینـهوه لـهو چـهمکه پێویستی دهکات.

لهڕاستیدا بینیمان زۆرێک لـه خهڵکی بهههڵهدا دهچن لـه بـهکارهێنانی تهنها پهیوهستکردن لـهنێوان ریشـهی زمانـهوانی که نمایشی چهمکهکه دهکات لهگـهڵ ههندێك لـه جۆری بهکارهێنانهکاندا، دهرهنجام ههندێک لهوهی که دهکرێت ناوی لێ بنێین "هۆشیاری درۆینه" بڵاوه دهکات لـه کاتی وردبوونهوه لهو چهمکه، که لهڕاستیدا ئهوه هۆشیاری نییه.

مهبهستیش لهم توێژینهوه کورته، ههوڵدانێک بۆ دیاریکردنی واتـای ئیمامـهت بـهو پێیـهی کـارێکی ئایینیـه و پهیوهسته بـه بنچینهکانی بیروباوهڕهوه، یاخود کارێکی دنیاییه و خهڵکی بۆ خۆیان ههڵیانبژاردووه و وای دهبینین نزیکتره بۆ بهجێگهیاندنی ئامانج و مهبهستهکانی ئایین،

ئەمەش پەیوەستە بە لێوەشاوەیی و ئەزموونە بەردەوامەکانی مرۆڤایەتی.

لەڕاستیدا ئەزموونی حوکمڕانی لە شێوەی خیلافەتکردن لەسەر ڕێبازی پێغەمبەرایەتی، ڕاستەوخۆ لە دوای وەفاتی پێغەمبەرەوە (د.خ) دەستی پێکرد، ئەمەش لە سەردەمی خیلافەتی ڕاشیدیندا بووە، پاشان ئەم شێوازە لە حوکمڕانی تووشی حاڵەتی کودەتای خێڵەکی بوویەوە کە زیاتر هاوشێوەی کودەتای سەربازی ئێستایە، سەرەتا بە خیلافەتی ئەمەوییەکان دەستی پێکرد، دەتوانین بڵێین خیلافەتی ئەمەوی لەژێر سێبەری حوکمی حاڵەتی ناکاویدا دروست بوو، کە فیتنە گەورەکەی بەدوای خۆیدا هێناو تێوەی گلا، کە لەڕێیەوە بوویە هۆی ئاسانکاری بۆ زاڵبوونی ئاراستەی خێڵایەتی عەرەبی، تا خۆیان جێگەی دەسەڵات و بەرپرسیارێتی و دروستکردنی بڕیارەکان بگرنەوە و گۆڕانکارییی بکەن لە هۆشیاری خەڵک و ئەوانەی هەڵسوڕێنەری کاروبارەکانی خەڵکن لە ئاست چەمکی خیلافەت لەسەر ڕێبازی پێغەمبەرایەتی، ئەوەبوو خیلافەتی ئەمەوی لە ساڵی ١٣٢ك کۆتایی هات، کە بەشوێنیدا خیلافەتی عەباسیەکان دەستی بەسەر دەسەڵاتدا گرت، ئەویش بە هاتنی "ابی عبدالله السفاح" دەستی پێکرد و بە ئەو خەلیفە لاوازانە کۆتایی هات کە دەسەڵاتیان گرتەدەست.. لە سایەی ئەم کودەتا ترسناکانەدا زانستە شەرعیەکانیش لەدایکبوون و نووسرانەوە.

لەگەڵ ئەو كودەتا و بەلاڕێدابردنەی وێنەی خیلافەت، بۆچوون دەربارەی "هێز و دەسەڵات" سەریهەڵدا و تەشەنەی كرد، هەروەك ئاگر بەردەیتە پووش و پەڵاش، كە ئەمەش هۆكارێكی تربوو لە هۆكارەكانی قوڵكردنەوەی جیاوازییەكان لە ڕیزی گەلدا، لە ئەنجامدا شیعەكان بنەمای ئیمامەتیان هەڵبژارد، بنچینەیان بۆ داڕشت و كردیانە یەكێك لە بنەماكانی ئایین و وایان دانا كە پەیام و پێغەمبەرایەتی و دەسەڵات و دروستكردنی بڕیار، كارانێكن كە ناكرێت بدرێنە دەست هیچ كەسێك و تەنها بۆ خانەوادەی پێغەمبەری خوایە، ئەمەش چەندین بارودۆخ یارمەتیدەربوون، كە ئێستا لێرەدا بوار نییە بەدێژی بچینە ناویەوە، بەڵكو شیاوترە بە لێكۆڵینەوەیەكی تایبەت باسی لێوەبكرێت، بەهەمانشێوەش موعتەزیلەكان هەڵوێستێكی تریان گرتەبەر، هەروەها خەواریجەكان و هاوبیرەكانیان، بۆیە شەهرستانی كە خاوەنی كتێبی (الملل والنحل)ه ناهەقی نەبووە بڵێت: (لە هەموو سەردەمەكاندا هیچ شمشێرێك لە ئیسلامدا لەسەر بناغەی ئایین ئەوەندە لاواز نەبووە بەو ئەندازە لاوازبوونەی كە لەسەر ئیمامەت هەبوو) [1].

ئیتر لەو بەروارەوە ئەوەی تووشی موسڵمانان هات لە پەرتبوون و هەڵوەشاندنەوەی چەمكی ئوممەت و لەتوپەتبوونی ئایینەكەیان، سەرەنجام بوونە پارچە پارچە و وای لێهات هەندێك بۆ پاڵپشتیكردن لە

[1] الشهرستانی "ابو الفتح محمد بن عبدالكریم" الملل والنحل، لێكۆڵینەوەی: امیر علی مهنا و علی حسن فاعور، بەیروت، دار المعرفة، ط۳، ۱۹۹۳م، ج۱،ص۳۱.

گرووپەکــەیان دەســتیانکرد بــە دانــانی فــەرموودە و پشتبەســتن بــە
تــەئویلکردنی فــەرموودەکان بــەبیّ بــوونی هــیچ رووپــەکی دروست، وەك
فەرموودەی "حەفتاو سیّ"کە ⁽¹⁾، بە تیّپوانینی مــن یەككگرتنــەوە و هیّز
ناگەریّتەوە بۆ ئەم گەلە تا نەتوانیّت سەرلەنویّ بینای هۆشیاری خۆی لەم
بوارەدا بکاتــەوە، بیناکردنەوەیــەك کــە دووربیّت لە بۆچوونی حوکمڕانی
خــوایی و دووربیّت لە بۆچوونە خیّلــەکی و گرووپگەراییــەکان، کە پــاش
تیّکدانی چەمکی "خەلافــەت لەســەر ریّبازی پیّغەمبەرایــەتی" سەریان
هەڵدا.

بۆ هەموو ئەمانەی کە رابورد، پیّویستە لەسەرمان دەست بەرین بۆ
ئەم کارە مەترسیدارە لەژیّر رۆشنایی قورئانی پیرۆز، کە رینویّنیکارە بۆ
ریّگای دروست و، هەروەها ریّنویّنیکاریشە بۆ ئەوانەی کە پیّی هەلّئەسن،
خەلّکی هەر نموونەیەك بیّنن، قورئان چاکترین و باشترین لە ئەوە دیّنیّت،
بۆیە ئەم نامیلکەیە بۆ روونکردنەوەی حوکمڕانی ئەو قورئانە پیرۆزەیە، تا
بەلّکو ببیّتە چلۆسکیّك بۆ رووناککردنەوەی ریّگاکە بۆ کەسیّك بیەویّت

---

¹ مەبەستمان لیّی فەرموودەی گرووپی رزگاربووەکانە: جوولەکەکان دابەش بوون بۆ حەفتاو یەك
گرووپ، گاورەکانیش دابەش بوون بۆ حەفتاو دوو گرووپ، ئەم گەلەیش دابەش دەبن بۆ حەفتاو
سیّ گرووپ کە هەر هەموویان لە دۆزەخدا دەبن تەنها یەك گرووپیان نەبیّت، وترا: ئەی پیّغەمبەری
خوا ئەو گرووپە کامەیە؟ فەرمووی: هەرکەس وەك ئەوەی من و هاوەلّانمی لەسەرە وابیّت. لە
هەندیّك لە گیّرراوەکاندا هاتووە: ئەوانە کۆمەلّی موسلّمانان. بۆ گەرانەوە بەدریّژەی باسەکەدا،
بگەریّنەوە بۆ : العلواني، طه جابر، تفكك مفهوم الأمة وضرورة المراجعة، إسلام أونلاين.نيت،
٢٠٠٥/١٢/٢٦م.

14

ڕێگای پێ ڕووناك بكاتەوە، ئەگەر سەركەوتوو بووین كە باسمان
لێوەكردووە بۆ راستی، ئەوە ئاواتەكەی منە، خۆ ئەگەر ئەوەمان لـەكیس
چوو، ئەوەندەمان بەسە كە ئێمە هەوڵماندا و خۆمان ماندوو كرد، ئیتر
بەڵكو خوای بالادەست بێبەشمان نەكات لەو پاداشتەی كە دیاریكردووە بۆ
ئەوانەی ئیجتیهاد دەكەن، ئەگەر پێكایان ئەوە دوو جار پاداشتیان هەیە
و ئەگەریش نەیانپێكا ئەوە هەر پاداشتێكیان دەبێت.

يەکەم: پێشەوایەتی پرسێکی دنیاییە

هەر لە ساتەوەختی کۆچکردنی پێغەمەرەوە (د.خ) بۆ شاری مەدینە و جێگیربوون تێیدا هەتا ئەمکاتەی ئێمەی تێداین، مشتومڕی بەردەوام و نەبڕاوە هەیە لەسەر ڕوونکردنەوەی سیفەتی شوێنکەوتەیی بۆ پێغەمبەری خوا و گونجانی ئەوەی ئەم سیفەتەش بخرێتەسەر هەردوو سیفەتە سەرەکیەکە (پێغەمبەرایەتی و پەیامداری)، ئاخۆ ئەو حوکمڕانی شارەکەیە، یان سەرکردەیەتی؟ ئایا سەرکردەی موسڵمانان وجگە لە موسڵمانانیشە، یان تەنها هەر سەرکردەی موسڵمانەکانە؟ هەر لەبەر ئەوەی موسڵمانەکان زۆرینە پێکدەهێنن، ئیتر پاشماوەکانی بێباوەڕان و جوولەکەکان تەنها کەمینەیەکن لە کۆمەڵگای مەدینەدا و هیچی تر، ئەمەی کۆتایی، ئایا دامەزراوە لەسەر گرێبەستێکی کۆمەڵایەتی هاوسەنگ لەنێوان هەرسیّ پێکهاتەکەدا کە بریتین لە موسڵمانەکان (کۆچبەران و پشتیوانان) و جوولەکەکان و موشریکەکان، یان دانپیانانە لەلایەن هەموو پێکهاتەکانەوە بەو سەرکردەیە و سەرکردایەتی پێغەمبەری خوادا؟ ئەی ئەو رێکەوتنە چی لێکەوتەوە؟ ئایا دەوڵەتێکی لێکەوتەوە هەروەک هەندێک وایان پیّ خۆشە بەو شێوەیە ناو ببرێت، یان کۆمەڵگایەکی هاوسەنگ بەجۆرێک لایەنەکانی لەسەری

16

ڕێککەوتوون بۆ پێکهێنانی کۆمەڵگایەك کە هەریەکێك لەو سێ لایەنە وابەستە بن بە دوو لایەنەکەی ترەوە، ئەویش بەکۆمەڵێك پەیوەست و ڕایەڵە کە وایان لێ دەکات بەرپرسبن لە ئاسایش و پاراستنی ئەو کۆمەڵگایە و بەرگریکردن لێی و ڕێکخستنی کاروبارە جۆراوجۆرەکانی لە ڕووی ڕامیاری و ئابووری و کۆمەڵایەتیەوە؟

هەموو ئەم پرسیارانە و —جگە ئەمانە زۆرێکی تریش— لە کاتێك بۆ کاتێکی تر دەوروژێنران، بە وەڵامگەلێکی جۆراوجۆریش وەڵام دەدرانەوە، بەڵام زانایان — ئەوانەی بە زانایانی جمهوور، یان زانایانی زۆرینەی خەڵك ناوبانگیان دەرکردبوو، لە پرسە رامیارییەکانیش شتیان دەنووسی— وایان پێ چاکتربوو نازناوی دەوڵەت بنێن لەو جۆرە ڕێکخستنەی کە بە سەرکردایەتی پێغەمبەر لە مەدینەدا ڕوویدا، بەهەمان شێوە ئەوانەی دوای ئەمانیش هاتن هەر بۆچوونیان وابوو ناوی دەوڵەتی لێبنرێت، ئەوەتا "امام الحرمین" لە کتێبی "الغیاثی" ئاڕاستەی خواستی ئەویش بەرە و ئەوەبووە، "ماوەردی"یش لە کتێبی "الأحکام السلطانیة" و کتێبی "أدب القاضي" و هەروەها لەکتێبی "الحاوي"یشدا هەرهەمان بۆچوونی دەرخستووە، بەهەمان شێوە "ئەبو یەعلی"و پاشان "ئیبن تیمیە"یش لەسەر هەمان بۆچوون بوون.

قەڕافی لە کتێبەکەی خۆیدا "الإحکام في تمییز الفتاوى عن الأحکام وتصرفات القاضي والإمام"دا، هەوڵێداوە جیاوازیی بکات لەنێوان ئەو

کردارانــەی پێغەمبــەری خــوا (د.خ) کە جۆرێـک لــە شێوازی سیاسـی و کارگێڕی پێوەیە و لە نێوان ئەو کردار و کردەوانەی که دەکرێت لێیانەوە وەک شێوازێک بۆ فێرکردنی خەڵک و چۆنێتی شوێنکەوتنی قورئانی پیرۆز بێت، وەک هەنگاونانێک بۆ جێبەجێکردنی ئایەتەکان لە ژیانی رۆژانەدا، بەوپێیە پێغەمبەر (د.خ) دێتە پێش وەک سەرمەشق و پێشەنگێک تا خەڵک چاوی لێبکەن، بەڵام هەندێک لە زانایان وا دەبینن که ئەوەی پێغەمبەر (د.خ) پێـی هەڵسـاوە لــە جێبـەجێکردنی ســزا و حوکمەکانــدا و سەرکردایەتیکردنی سوپا جۆرێک نییە لە زیاده ئەرکێکی سیاسی، بەڵکو یەکێکە لە کاره هەرەگرنگەکانی پێغەمبەری پەیامدار (د.خ)، لە راستیدا زۆرینــەی هــەرەزۆری پێغەمبــەرانیش− پـێش پێغەمبــەرمان− حــوکم و زانســتیان پێـدراوە، حوکمــەکــە جێبـەجێکردن و شـوێنکەوتن و پێشکەشکردنی سەرمەشقێکی جوانی تێدایە که پێویستن بۆ مرۆڤایەتی و، خــەڵک ئاتاجیــان پێـی دەبێـت لــەکاتی بەجێگەیاندنی کاروباره جۆراوجۆرەکانی ژیاندا، کە کەسایەتی پێغەمبەری خــوا (د.خ)− بـەو سیفەتەی که کۆتا نێردراوی خوایی و هەڵگری کۆتا پەیامی جیهانییە −، بۆیـه دەبێـت سەرمەشـقێکی هەمەلایەنـە پێشـکەش بکـات بـۆ هــەموو مرۆڤایەتی، بۆیه ژنهێنانی و هەڵسوکەوتی لەگەڵ هاوسەرەکانی، خەڵکی فێرکرد که چۆن هەڵسوکەوت بکەن لەگەڵ هاوسەرەکانیان و چۆنیەتی دامەزراندنی خێـزان و گرەنتی پاراستنی، تـا ببێتـه تـۆوی بنیاتنانی کۆمەڵگا، هەروەها سەرکردایەتیکردنی سوپا− لە سی و پێنج غەزوەدا لـه کاتی پێغەمبەرایەتیدا، − مەبەست لێـی فێرکردنی ئـەو کەسـەیه که

به‌ره‌ووی سه‌ركردایه‌تیكردنی سوپایه‌ك ده‌بێته‌وه‌، پاشانیش ئاماده‌سازی و خۆ به‌هێزكردن بۆ بوونه‌ سه‌ركرده و پێشكه‌شكردنی نموونه‌یه‌كی جوان كه ڕێگا خۆشده‌كات بۆی، تا ببێته سه‌رمه‌شق بۆ سه‌ربازه‌كانی له‌ كاتی جه‌نگ و ئاشتیدا به‌گوێره‌ی ڕێنماییه‌كانی پێغه‌مبه‌ری خوا، به‌هه‌مانشێوه كاتێك كاروباری دادوه‌رییكردنی له‌نێو خه‌ڵكدا گرته ده‌ست، ئامانجی ئه‌وه‌بوو تا ببێته سه‌رمه‌شق بۆ دادوه‌ره‌كانیش، هه‌روه‌ها خودی خۆی كه ڕۆڵی داواكار و داوا له‌سه‌ركراوی ده‌بینی، بۆ هه‌مان مه‌به‌ست بوو، به هه‌مانشێوه حاڵه‌ته‌كانی تری وه‌ك قه‌رزاربوون و وه‌فاكردن به‌ئه‌مانه‌ت و گره‌نتیدان و زۆر شتی تریش، هه‌موو ئه‌مانه‌ی كه كاری له‌سه‌ر ده‌كرد، بۆ جێبه‌جێكردنی حوكمه‌كان بوو، یان بۆ فه‌رمانكردن بوو به له‌به‌رچاوگرتنی سنووره‌كان، یان فه‌توادانبوو بۆ خه‌ڵكی، هه‌موو بواره‌كانی ژیانی پێغه‌مبه‌ر (د.خ) بریتی بوون له پێشكه‌شكردنی وێنایه‌ك له لوتكه‌دا، سه‌رمه‌شق و پێشه‌نگێكی جوان و چاك، به‌ڵام ئه‌مانه هیچیان به‌زیاده ئه‌رك هه‌ژمار ناكرێن یان نابنه سیفه‌تێكی زیادكراو بۆ سه‌ر دوو سیفه‌ته بنه‌ڕه‌تیه‌كه (پێغه‌مبه‌رایه‌تی و په‌یامداری)، به‌ڵكو ئه‌مانه هه‌ر ئه‌و سیفه‌تانه‌ن كه قورئان باسیان لێوه‌ده‌كات ده‌رباره‌ی په‌یامی پێغه‌مبه‌ران: (أُوْلَئِكَ الَّذِينَ هَدَى اللَّهُ فَبِهُدَاهُمُ اقْتَدِهْ قُل لاَّ أَسْأَلُكُمْ عَلَيْهِ أَجْرًا إِنْ هُوَ إِلاَّ ذِكْرَى لِلْعَالَمِينَ) (الأنعام: ٩٠) واته‌ : {ئه‌و پێغه‌مبه‌رانه‌ی كه باسكران، ئه‌و كه‌سانه‌ن كه خوای گه‌وره به‌تایبه‌تی هیدایه‌ت و ڕێنمونی كردوون، تۆش ئه‌ی محمد (د.خ) ئه‌ی ئیماندار، شوێنی هیدایه‌ت و ڕێنمونی ئه‌وانه بكه‌وه} ، سه‌باره‌ت به هه‌موو

ئەوانەیش کە دوای ئەو دێن خوای بالادەست دەفەرموێت: (لَقَدْ كَانَ لَكُمْ فِي رَسُولِ اللَّهِ أُسْوَةٌ حَسَنَةٌ لِّمَن كَانَ يَرْجُو اللَّهَ وَالْيَوْمَ الْآخِرَ وَذَكَرَ اللَّهَ كَثِيرًا) (الاحزاب: ٢١) واتە: {لەڕاستیدا چاکترین مامۆستا و ڕابەر پێغەمبەری خوایە (د.خ) بۆ سەرجەم ئیمانداران، بەتایبەت بۆ ئەوانەتان کە مەبەستیان بەدەستهێنانی ڕەزامەندی خوایە و بە ئومێدی پلە بەرزەکانی بەهەشتن و دەیانەوێت زۆر یادی خوای گەورە بکەن لە هەموو کات و ساتێکدا} .

بینا لەسەر ئەوە، ئەو هەڵسوکەوتانە هەمووی بەمەبەستی بنیاتنانی ئەرکێکی نوێی پێغەمبەرایەتی نەبووە، بەڵکو تەنها ڕوونکردنەوەی چۆنێتی پێشکەشکردنی سەرمەشقێك بووە بۆ مرۆڤایەتی لە بەرزترین ئاستداو لەلایەن کەسانێك کە خوای گەورە پاڵاوتوونی تا ببنە پەیامهێنەری مزگێنیدەر و بەئاگاهێنەرەوە، بۆ ئەوەی مرۆڤایەتی شوێنیان بکەون و ماندوونەناسانە کار بکەن بۆ هەڵگرتنی شوێنپێکان، یان لە کاتی بەجێگەیاندنی کاروبارە جۆراوجۆرەکانی ژیاندا، لەهەمانکاتیشدا تا ببێتە بەڵگە بەسەر هەموو مرۆڤایەتیەوە بەوەی هەموو ئەو فەرمانانەی خوای گەورە بڕیاری لەسەرداون لە پەیڕەوکردنی عەدالەت لە کاتی حوکمکردن لەنێوان خەڵکیدا و یەکسانی و گەڕاندنەوەی ئەمانەت بۆ خاوەنەکەی و کارکردن بە گشت ئەو بەها قورئانییانەی کە خوای گەورە و بالادەست ناردوونی، هەموو ئەمانە لە کاتی شوێنکەوتنی

پێغەمبەراندا مرۆڤەکان لە تواناياندایە بە تەواوترین و چاکترین شێوە، پێی هەستن.

بە لەبەرچاوگرتنی ئەوانەی ڕابوورد، کتێبەکانی مێژوو پڕن لە زۆرێک لەو باسانەی کە هاوشێوەن لەگەڵ ئەو باسانەی کە مێژوونووسان[1] باسیان لێوە کردووە لەوەی کە لە "سەقیفەی بەنی ساعیده" لە نێوان سەرکردەکانی کۆچبەران و پشتیوانان دەگوزەرا، خۆ ئەگەر بەناسکی سەیرێکی هەموو ئەو ڕیوایەتانە بکەین، دەبینین هەموو ئەوانە گوزارشتن لە لایەنێک لە لایەنەکانی ئەو سیفەتانەی کە کەسایەتی پێغەمبەر (د.خ) بۆی جێهێشتوین، ئەویش لایەنی سەرکردە و دەسەڵات و سیاسەتە، ئایا دەکرێ لایەنەکانی تری فەرامۆش کردبێت؟ لەڕاستیدا ئەوەی لە ئاییندا بەپێویست گیراوە ئەوەیە کە پێغەمبەرایەتی و پەیام کۆتاییان پێهاتووە و پێغەمبەریش کۆتا پێغەمبەر و نێردراوە، نە نێردراو و نە پێغەمبەر بەدوایدا نایەت، هەر ئەویشە کتێبی خوای بۆ خەڵک بەجێهێشتووە ئەگەر دەستبگرن بەو مەبەست و بەها و خواستانەی کە تێیدایە هەرگیز پاش ئەو سەریان لـێ تێـک ناچێت، پێغەمبـەریش (د.خ) جەختی لـەوە کردووەتـەوە کاتێک داوایان لێکرد نووسراوێکیان بۆ بنووسیێ تا پاش

---

[1] ابن هشام، أبو محمد عبد الملك. السيرة النبوية، بەيروت: دار الجيل، ١٩٧٥، ج٤، ل ٢٢٥ – ٢٢٧. هەروەها سەيری: ابن كثير، أبوالفداء اسماعيل. البداية والنهاية، بيروت: دار المعرفه، ١٩٩٧، ج٥، ل ٢٥٧- ٢٦٢، بكە، هەروەها سەيری ڕووداوی سەقيفە لە سەرچاوەكانی تردا بكە، وەك: "تأريخ الطبري"، "الكامل" ابن الاثير، "تأريخ الإسلام" ی ئيمامی زەهەبی".

وەفـاتـی لەسـەری بـرِۆن، وەڵامـی ئـەوەبوو فـەرمووی: شـتێکم بـۆ
بەجێهێشتوون ئەگەر پابەندبن پێوەی هەرگیز پاش من سەرلێشێواو نابن:
ئەویش کتێبەکەی خوای گەورەیە⁽¹⁾، هـەر ئـەم بۆچوونەش دەگونجێت
لەگەڵ ئەم ئایەتەی خوای باڵادەست: (إِنَّمَا أُمِرْتُ أَنْ أَعْبُدَ رَبَّ هَذِهِ الْبَلْدَةِ
الَّذِي حَرَّمَهَا وَلَهُ كُلُّ شَيْءٍ وَأُمِرْتُ أَنْ أَكُونَ مِنَ الْمُسْلِمِينَ * وَأَنْ أَتْلُوَ الْقُرْآنَ
فَمَنِ اهْتَدَى فَإِنَّمَا يَهْتَدِي لِنَفْسِهِ وَمَن ضَلَّ فَقُلْ إِنَّمَا أَنَا مِنَ الْمُنذِرِينَ)
(النمل: 91-92) واتە: {لەرِاستیدا منی پێغەمبەر فەرمانم پێدراوە کە
پـەروەردگاری ئـەم ناوچـەیە بپەرستم کە سنووری بۆ داناوە و رِێزی
لێگرتووە و (لە هەندێ جار و هەندێ مانگ و هەندێ حاڵەتدا) هەندێ شتی
حەڵاڵی تێدا حەرام کردووە، هەموو شتیش هەر بەدەست ئەو زاتەیە، وە
مـن فـەرمانم پێکـراوە لـە رِیـزی مسـڵماناندا بم... (ئەوانـەی کـە لـە
هەڵسـوکەوت و کـار و کردەوەکانیانـدا تەسـلیمی خواوەنـدی خۆیـانن)،
هەروەها فەرمانم پێدراوە کە دەوری قورئان بکەمەوە، جا ئەوەی رِێبازی
هیدایەت و دینداری دەگرێتەبەر، ئەوە قازانجی هیدایـەت و دینداریەکـەی
بۆ خۆیەتی، ئەوەش کە رِێبازی گومرِایی دەگرێتە بەر ئەوە هـەر خۆی
زەرەر دەکـات، هـەردەم بـەو جـۆرە کەسـانە رِابگەیـەنـە کـە کـاری مـن
بێدارکردنەوە و هۆشیارییدانە}.

---

(1) ابن حنبل، أبو عبدالله أحمد. فضائل الصحابة، لێکۆڵینەوەی: وصي الله محمد عباس، بیروت،
مؤسسة الرسالة: 1983، ج1، ل 171.

دەگێڕنەوە کۆمەڵێک وتیان بە عەلی کوڕی ئەبو تالیب (خوا لێی رازی بێت) ئەی گەورەی باوەڕداران ببە بە خەلیفە، وتی نەخێر، بەڵکو بەجێی دەهێڵم بۆ خۆتان هەروەک پێغەمبەری خوا (د.خ) بەجێیهێڵا بۆ دوای خۆی – واتە بەبێ دەستنیشانکردنی خەلیفە ـ، ئەگەر خوای گەورە چاکەی بۆ ئێوە بوێت ئەوا لەسەر چاکترینتان کۆتان دەکاتەوە، هەروەک چۆن پاش وەفاتی پێغەمبەر خوای گەورە کۆیکردنەوە لەسەر چاکترینتان [1].

ئەمەش ئاماژەیە بۆ ئەو سەردەمەی کە هاوەڵان داوایان دەکرد لە پێغەمبەری خوا کە با هەر خۆی پەیمانێکیان بداتێ بە دانانی جێنشین بۆ بەڕێوەبردنی کاروباری سیاسی پاش وەفاتی خۆی، پێغەمبەریش (د.خ) ویستی ئەمە بکاتە دەرفەتێک تا دووپاتی ئەو ئامانج و بەهایانە بکاتەوە کە قورئان لەخۆی گرتوون، نەک لە ئامانجگرتنی کەسەکان و گرووپەکان، بە لەبەرچاوگرتنی مەترسیی دەرکەوتنەوەی رەگەزگەرایی و هاوشێوەکانی لەو سەرەتا نزیکەدا کە دەبوویە هۆی گەڕانەوەی خەڵک بۆ ئەو نەریتە، ئەوکات بەهاو ئامانجەکان لەبیر دەکران، خۆ ئەگەر پێغەمبەری خوا دەقێک، یاخود وەسیەتێک، یان ئاماژەیەکی بەجێهێشتبایە بۆ ئەوانەی دوای خۆی، یان ئەو کەسەی کە شیاوتره پاش خۆی ببێتە خەلیفە، ئەوا ئەو باس و خواس و وتووێژەی کە لە سەقیفەی

---

[1] ابن كثير، أبو الفداء إسماعيل بن عمر. البداية والنهاية. لێکۆڵینەوەی: عبدالله بن المحسن التركي، القاهرة: هجر للطباعة والنشر، ١٩٩٨، ط١، ج١١، ل١٣١

بەنی ساعیده، یان له دەرەوەی سەقیفەدا روویدا، دەگەشت پێمان، زیاد
لەوەش دەبووه دەوڵەمەندترین باس و خواسی ئەو کاتە، بەڵام نەبوونی
هیچ ئاماژەیەکی لەو جۆرە، بەڵگەیه لەسەر ئەوەی کاروباری جێنشین و
سەرکردایەتی سیاسی بەجێهێڵراوه بۆ ئەو گەلەی که ڕێنمایی وەرگرتووه
له قورئان و سوونەت و ڕەوشتی پێغەمبەرەوه، بەجۆرێك گرەنتی ئەوەی
لێ کراوه که گەشتۆته ئاستێکی پێگەیشتووی ئەوتۆ که بڕیار لەو
بارەیەوه له میللەت وەربگرێت بەبێ ئاتاج بوون به وەسیەت، بۆ ئەوەی
ئەم پرسە لە بازنەی بەرژەوەندی باڵای گەل و ئامانجە شەرعی و
قورئانیەکان و بەها و خواستەکاندا بمێنێتەوه.. لەبەرئەوەی قورئان
لەڕێی ئایەتەکانەوه هۆشیاری لەنێو هەموو رۆڵەکانی گەلدا
بڵاوکردووەتەوه، بۆیه مانا و مەبەستی داد، ئەمانەت، شوورا، چاکه،
خراپە، گەل، یەکتاپەرستیی، پارێزکاریی، ئاوەدانکردنەوه، بانگەواز،
بەرزکردنەوەی وشەی خوا فێربوون و بەرهەڵستی له بڵاوبونەوەی خراپە
دەکەن و گەمارۆی دەدەن و بەرتەسکی دەکەنەوه تا زیان نەگەیەنێ بە
هیچ پارچەیەکی ئەم زەوییه و هیچ گرۆیەك له دانیشتوانەکەی، هەموو
ئەمانە دەستکەوتێکی تەواون بۆ بەدەستهێنانی رایەکی گشتی و
رۆشنبیرییەکی هاوبەش لای خەڵك تا بتوانێت سیستەمێکی دادپەروەر و
پێگەیشتوو و هەڵبژێردراو لەلایەن گەلەوه فەراهەم بهێنێ .

ئالێرەوه، ئەم دەقەی قورئانی پیرۆز (لِكُلٍّ جَعَلْنَا مِنكُمْ شِرْعَةً
وَمِنْهَاجًا) (المائدة: 48) ئاماژەیه بۆ بەشدار بوونی گەل له شەریعەت و

پرۆگرامدا، چونکه ئایەتەکه بەم شێوەیە نەهاتووه: (لِكُلّ مِنكُمْ جَعَلْنَا شِرْعَةً وَمِنْهَاجًا) بۆ هەر یەكێك له ئێوه شەریعەت و پرۆگرامێكمان داناوه، تا ئەوەی لێوه تێبگەین كه بۆ هەر گەلێك شەریعەت و پرۆگرامێك هەبێت، بەڵكو (لكُلّ جَعَلْنَا مِنكُمْ شِرْعَةً وَمِنْهَاجًا) هەروەك ئەوەی شەریعەت و پرۆگرام له ئێوەدا كۆكرابێتەوه، تا وەڵامدەرەوەی پێداویستیەكانتان بێت و بتوانن كاروبارەكانی رۆژانەتان بەبێ بارگرانی له سایەی ئەو شەریعەت و پرۆگرامەدا بەرێ بكەن و بەبێ ئەوەی بەزۆر بسەپێ بەسەرتاندا كه ئەو كات ماناكەی وای لێ دەهات: (لكل علیكم)، بەڵكو فەرموویەتی (لكل منكم)، هەروەك ئەوەی لێتان وەرگیرابێت و پاشان درابێتەوه پێتان !

هەر لێرەوه ئیجتیهادكردن بە دەركەوت و شەرعیەتی وەرگرت و بوویه ئەركێكی گرنگ و پێویست لەسەر موجتەهیدەكان له بوارەكانی جێبەجێكردن و شەریعەتدا و پڕكردنەوەی ئەو بۆشاییە تەشریعیە، بۆیه شەریعەتی قورئان خاڵیه له ئەركێك كه له توانادا نەبێت، یان قورسبێت و ببێتە مایەی بارگرانی: (لَا یُكَلّفُ اللَّهُ نَفْسًا إِلَّا وُسْعَهَا) (البقرة: ٢٨٦) واتە: {لەڕاستیدا خوای گەوره داخوازی لەتواناب‌ەدەری نییە و ئەرك ناخاتە سەر هیچ كەس كه له توانا و هێزی بەدەربێت}، هەروەها (لَا یُكَلّفُ اللَّهُ نَفْسًا إِلَّا مَا آتَاهَا سَیَجْعَلُ اللَّهُ بَعْدَ عُسْرٍ یُسْرًا) (الطلاق: ٧) واتە: {خوای گەوره بەگوێرەی توانای هەركەسێك داوای بەخشین دەكات، دڵنیاش بن كه خوای گەوره دوای تەنگانه هەرزانی دەهێنێت، دوای ناخۆشی خۆشی دەهێنێت}، (یُرِیدُ اللَّهُ أَن یُخَفّفَ عَنكُمْ وَخُلِقَ الْإِنسَانُ ضَعِیفًا) (النساء:

٢٨) واته: {بەڵام خوای گەورە هەر دەستبەدارتان نابێت، بەڵکو دەیەوێت بەهۆی ئەم قورئانەوە، ئەم ئاینە پیرۆزەوە کارئاسانیتان بۆ بکات، تەوبە لەوانــە وەربگرێــت (کــە قــوراوی و تــۆزاوی بــوون بەهۆی تــاوان و گوناهەکانیانەوە)، چونکە بە سروشت ئادەمیزاد بە لاوازی دروستکراوە (خۆراگرنیــه لــه بەرامبــەر ئارەزووەکانیــەوه، زۆرجــار نــەفس و شــەیتان تووشی گوناهو هەڵەی دەکەن}، (وَمَا جَعَلَ عَلَيْكُمْ فِي الدِّينِ مِنْ حَرَجٍ) (الحج: 78) واته: {...وه لەم ئاینەشدا هیچ شتێك بەدی ناکەن که مایەی شەرمەزاری و نارەحەتی بێت...}، دەبینین هەموومان هەگبەمان پرە لە لاوازی، هێز، گەنجی، پیری، بۆیە ناکرێت تێبینیەکان بە پراوپری دەربکەوێت، تەنها لای خوای بەسۆز و شارەزا نەبێت، هەر خۆی هەقی ئەوەی هەیە بفەرموێت ئەم شەریعەت و پرۆگرامە بۆ ئێوەیە نەك لەسەر ئێوەیه، هەر لەمبارەیەوە ئایەتی تریش هەیه وەك: (يَا أَيُّهَا الَّذِينَ آمَنُواْ أَطِيعُواْ اللّهَ وَأَطِيعُواْ الرَّسُولَ وَأُوْلِي الأَمْرِ مِنكُمْ) (النساء: 59) واتە: {ئەی ئەو کەسانەی ئیمان و باوەڕتان هێناوە هەمیشە و بەردەوام فەرمانبەرداری خوای گەورە و فەرمانبەرداری پێغەمبەر و ئەو بەرپرسانه بکەن که لە خودی خۆتانن}، بۆیە قۆرخکردنی دەسەڵات و خۆسەپاندن نادروستە و ڕێگەپێدراو نییە، چونکە بەو حاڵەیەوە لەو بازنەیە دەردەچێت که لە ئێمه بێت (منا)، بەڵکو دەبێتە لەسەرمان (علینا)، لەکاتێکدا خوای گەورە ڕێز و سەربەرزی بۆ بریار داوین: (وَلَقَدْ كَرَّمْنَا بَنِي آدَمَ) (الاسراء: 70) واتە: {لەڕاستیدا ئێمه ڕێزمان گرتووه لە نەوەکانی ئادەم}، هەروەها فەرموودەی خوای باڵادەست:

26

(وَلِلّهِ الْعِزَّةُ وَلِرَسُولِهِ وَلِلْمُؤْمِنِينَ وَلَكِنَّ الْمُنَافِقِينَ لَا يَعْلَمُونَ) (المنافقون: ٨)

واته: } عیززەت و دەسەڵات و پایەداری هەر شایستەی خوای گەورەیه به
پلەی یەکەم، پاشان شایستەی پێغەمبەرەکەیەتی (د.خ) به پلەی دووەم،
ئینجا شایستەی ئیماندارانه له هەموو زەمان و زەمینێکدا به پلەی
سێیەم، بەڵام دووروەکان نازانن{، خوای گەورە ئەوەی بۆ بەرەوا
نەبینیوین کەسانێک زاڵ بکات و بیەوێت خۆی بسەپێنێت و دەستدرێژی
بکاته سەرمان.

ئەگەر بگەرپێینەوە بۆ سەرەتا، له وتووێژەکانی سەقیفەدا بنچینەیەك
دەبینین جۆرێك لەدەستدانی هاوسەنگی پێوە دیارە، که ئەویش
دەرەنجامی ئەو کاریگەریه گەورەیەی وەفاتی پێغەمبەر بوو (د.خ)، بووه
هۆی ئەوەی ئەو نەوه پاك و پاڵفتەیه تووشی سەرسامی و حەپەسان و
شڵەژان بکات، بەتایبەت رووداوی سەقیفه — وەك دەردەکەوێت— رۆژێك
پاش وەفاتی پێغەمبەر بووە، دەکرێت بوترێت لەو ساتەوەختەدا ترس
سەراپای هەموانی داپۆشی بوو، له پاڵ بوونی دووروەەکان و
شڵەژاوەکاندا، که کاریان بۆ قۆستنەوەی فرسەت ئەکرد تا دڵەراوکه و
پشێوی بنێنەوەو ئەوەی پێغەمبەر بنیاتی ناوه له ماوەی بیست و سێ
ساڵدا ئەوان تێکی بشکێنن، ویستیان به فووەکانیان رۆشنایی خوا
بکوژێننەوە، ئەوەبوو ئەو هەموو هاتووهاوارە تەنها مشتومرێکی دنیایی
بوو که بریتی بوو له ململانێی گرتنەدەستی دەسەڵات و جۆرێك له
تێروانین که ئیسلام هەر له سەرەتای هەڵهاتنیەوە تێکیشکاندووه، خۆ

ئەگەر لەو گفتوگۆ و وتووێژانەشدا سەری دەرهێنابێت، ئەوە ئاماژەیە بە
حاڵەتێکی نەخوازرا و یاخود سروشتی، زۆرێکی تریش لە ئاماژە و
دەلالەت کە پێغەمبەر (د.خ) چاندبووی لە ناخیاندا، یاخود قورئانی پیرۆز
لە عەقڵ و هزریاندا ڕواندبووی کە ئێمە ناتوانین پەییان پێبەرین، لەبەر
هەموو ئەمانە، ئەو حیوارەی سەقیفەی بەنی ساعیدە، زۆرتر پێویستی بە
بەدواداچــوون و وردبوونـــەوە هەیــــە لەلایـــەن زانایـــان و خــاوەن
بۆچوونەکانەوە، تاوەک ئەو نەوە پاک و چاکە شتێک نەدرێتە پاڵیان کە
شایان بەوان نەبێت، بەو پێیەی ئەوان ئەو نەوەیەن کە پاش پێغەمبەر
(د.خ) شەرەفی بوونە شاهیدییان بەسەر خەلکەوە پێ بەخشراوە.

گفتوگۆکەی سەقیفە ئەگەر بەو شێوەیەی کە بۆمان نەقڵ کراوە
ڕاستبێت، ئەوە بەلگەیەکی ڕوونە لەسەر ئەوەی یەکەم نەوەی هەلگری
پەیام "واتە هاوەلانی پێغەمبەر" وا تێنەگەیشتبوون کە پێغەمبەر (د.خ)
نێردراو و خاوەن پەیام و سەرکردەیەکی سیاسی و نەتەوەیی بێت، لە
هیچێک لەو وتووێژانەدا شتێکی لەو بابەتە دەرنەکەوتووە، نە کۆچبەران و
نە پشتیوانان شتێکی لەو جۆرەیان لێوە بەدەر نەکەوتووە، خۆ ئەگەر
بەو جۆرە لێی تێبگەیشتنایە، دەبوو یەکێکیان بە بەلگە بیهێنایەتەوە
لەوەی کە دەیانویست، بەلام هیچ شتێکی لەو جۆرەمان نەبینیوە، بەلکو
تەنها خالێکی هاوبەش لە نێو وتووێژکاراندا دەبینین ئەویش پێویستبوونی
پاراستنی هەموو دەستکەوتەکانی سەردەمی پێغەمبەرایەتی بوو لەو
کۆمەلگا هەماهەنگیەدا و کەمتەرخەمی نەکردن لە ئاست هیچکام لەو

دەستکەوتانە، پێغەمبەریش (د.خ) هەروەك چۆن پرۆگرامێکی بۆ جێهێشتووین تا ببێتە سەرمەشقمان لە بەجێگەیاندنی نوێژ و زەکاتدان و رۆژووگرتن و حەجی مالّی خوا، بەهەمانشێوە پەیرەوێکی بۆ دیاری کردووین تا ببێتە سەرمەشقمان لە چەسپاندنی دادگەری و یەکسانی لە نێوان مرۆڤەکان و گەڕاندنەوەی ئەمانەت بۆ خاوەنەکەی و پاراستنی ئامانجەکانی شەریعەت و چۆنیەتی سەرخستنی لاوازەکان و پاراستنی مافەکان و جێبەجێکردنی ئەرکەکان .

لەبەر ئەوە دەبینین هەر چوار خەلیفەکە پابەند نەبوون بەهەموو ئەوەی کە دەربڕدرابوو لە گفتوگۆکەی سەقیفەدا، هەر دوو بەڕێزان ئەبوبەکر و عومەر- خوا لێیان رازی بێت- پابەند نەبوون بە هەموو ئەو پێشنیارانەی کە لە وتووێژی سەقیفەدا باسکرابوو، بەلّکو تەبابوون لەسەر پابەندبوون بە یەك پرس - هەروەك ئەوەی خۆی حەشاردابێت لە ناخی هەردووکیاندا- ئەویش بریتی بوو لە خیلافەتکردن لەسەر ڕێبازی پێغەمبەرایەتی، خۆ ئەگەر ئەم ناونیشانە شیتەلّ بکەین، دەبینین ئەوەی هەر چوار خەلیفە پێوەی پابەندبوون خیلافەتکردن بوو لەسەر ڕێبازی پێغەمبەرایەتی، کە ئەویش جێگرتنەوەی پێغەمبەری خوا لە ناو گەلەکەیدا بە ڕێکارێك کە نزیکبێت لە ڕێکارەکەی ئەوەوە بەگوێرەی پەیرەوێکی تۆکمە، کە هەر چوار خەلیفە وایاندەبینی ئەوە پەیرەوی پێغەمبەرایەتی کردنە، ئەمەش بەرجەستەکردنی کرۆکی ئەو بەها بالّایانەیە کە لە قورئانی پیرۆزدا هاتوون، کە خۆی دەنوێنێت لە

دادپەروەری، یەکسانی، سەرخستنی لاوازەکان، چەسپاندنی سنوورەکان، پارێزگاریکردن لە ئەمانەت، پاراستنی یەکێتی گەل و ئەو شتانەی کە گرنگ و پێویستن بۆی، خۆ ئەگەر خەلیفە نەگەیشت بەو ئاستە، پێویستە هەوڵبدات، چونکە گەل بەکەمتر لەوە رازی نابێت، ئەوەبوو گەل هۆشیارییان هەبوو بەرامبەر ئەو راستیە و بە ئەبوبەکریان دەوت خەلیفەی پێغەمبەری خوا، کاتێکیش خیلافەت کەوتە لای عومەر و نازناوەکە درێژ بوویەوە و بوو بە "خەلیفەی خەلیفەی پێغەمبەری خوا"، ئەوەبوو کۆبوویەوە لەگەڵ موسڵماناندا و ئەم کارەی لەگەڵدا تاوتوێ کردن تا گەشتنە نازناوی "أمیر المؤمنین"، (وشەی) ئەمیر (ئەگەرچی دەلالەتێکی سیاسیشی هەیە، بەڵام پێغەمبەری خوا (د.خ) لە چوارچێوەی رێکخستنێکی بێ لایەندا دایناوە، ئەو دەلالەتە سیاسیەی کە لە دواییدا پێوەی ناسرابوو ئەو لێی دارنیبوو، هەر بۆیە لێیەوە ریوایەت کراوە کە فەرموویەتی: (ئەگەر سیان لە ئێوە چوونە سەفەر با یەکێکتان ببێتە ئەمیر)، ^(۱) کەواتە بەرپرسیارێتی لێرەدا پرسێکی رێکخستنە بەسەر

----

^۱ لە ئەبو سەعیدی خودریەوە دەگێڕنەوە: کە پێغەمبەر (د.خ) دەفەرمێ: هەر سێ کەسێک لە ئێوە دەرچوون بۆ سەفەر با یەکێکتان ببێتە ئەمیرتان، ئەبو داود ریوایەتی کردووە (۲۷۰۸)، هەروەها ئەبو هورەیرەش ریوایەتی کردووە: کە پێغەمبەر (د.خ) فەرموویەتی: ئەگەر سێ کەستان لەسەرفەردابوون با یەکێکتان ببێتە ئەمیر، نافیع وتی: وتمان بە ئەبو سەلەمە: تۆ ئەمیرمانی، ئەبو داود ریوایەتی کردووە بەژمارە (۲۷۰۹) سەنەدی فەرموودەکەش لەرێگەی محەمەدی کوڕی عەجلانەوەیە، جارێک لە نافیعەوە لە ئەبو سەلەمەوە لە ئەبو سەعیدی خودریەوە، جارێکی تریش لە نافیع لە ئەبو سەلەمە لە ئەبو هورەیرەوە، هەروەها محەمەدی کوڕی عەجلان کەسێکی متمانەپێکراو و شکۆداره، بەڵام ئەوەندە هەیە شپرزاندوویەتی بەوەی باسی لە "نافیع" کردووە،

30

عوقەلییش لە کتێبی "الضعفاء الکبیر"دا (٤/١١٨) فەرموویـەتی: عەبدوللّای کوڕی ئەحمـەد بـۆی گێڕامـەوە، ئەویش ئەبوبەکری کوڕی خەلاب بۆی گێڕاوەتەوە، دەڵێت: لە یەحیا بیستم وتی: ئیبنو عەجلان ئەو فەرمودەیەی کە لە ئیبنو نافیعەوە ریوایەتی کردووە فەرموودەیەکی شپرزەیە (واتـە جۆری ئەو فەرموودەیەی ئەو ریوایـەتی کردووە فەرموودەی "مضطرب"ە)، لـەلای ئـەو فەرموودەیە ئەو نرخەی نەبوو.. کۆتایی، ئەم فەرموودەیە کە تیایدا شپرزەکە "محەمـەدی کـوڕی عەجلان"ە، ئەوەتا جارێك لە ئەبو سەعیدی خودریـەوە ریوایـەتی دەکات و جارێکی تـر لـە ئەبو هورەیرەوە ریوایەتی دەکات، هەروەها "البزار"یش لـە فەرمودەی ئیبنو عومەرەوە ریوایـەتی کردوە: کە پێغەمبـەر (د.خ) فەرموویـەتی: (ئەگـەر سیٚ کـەس بـوون با دوانتان یەك نەگرن و دانەیەکتان بە تاکی بمێنێتەوە، ئەگەر سیانتان لە سەفەردابوون با یەکێکتان ببێتە ئەمیر)، بـەڵام لە گێڕانەوەکەی محەمەدی کوڕی عەجلان لـە نافیعـەوە ئەویش لـە ئیبنو عومەرەوە، پێشـتریش قسەی "العقیلی" لەسەر ریوایەتەکەی محەمەد کوڕی عەجلان لە نافیعەوە باسی لێوەکرا، هەروەها "البزار"یش لە مەسنەدەکەی خۆیدا (٣٩٢) ریوایەتی کردووە لـە فـەرموودەی عومـەری کـوڕی خـەتاب –خـوا لێی رازی بێـت– فەرموویـەتی: (ئەگـەر ئێوە سیٚ کەسـتان لە سەفەردابوون با یەکێکتان ببێتە ئەمیرتان)، ئەوە ئەو ئەمیرەیە کە پێغەمبـەر (د.خ) فەرمانی پیٚ کردووە، "البزار" وەك بەدواداچوونێك بۆ فەرموودەکە دەڵێت: ئەم فەرموودەیە زیاد لە کەسێك ریوایەتی کردووە لـە ئەعمەشـەوە ئـەویش لـە زەیـدی کـوڕی وەهەبـەوە ئـەویش بـە مـەوقوف لـە عومـەرەوە ریوایـەتیانکردووە، ناشـزانین کیٚ فەرموودەکەی داوەتـە پاڵی، تـەنها قاسمی کـوڕی مالیك لـە ئەعمەشەوە نەبێت، ئەوەبوو پرسیار کرا لـە "الدارقطنی" دەربـارەی فـەرموودەکـەی عومـەر لـە کتێبی "العلل"دا (١٥١/٢) ئەویش وتی: بریتییە لـەو فەرموودەیەی کە لەلایـەن قاسمی کـوڕی مـالیكی کـوڕی مـوزەنی و حوسـەینی کـوڕی عەلوانـەوە ریوایـەتکراوە فەرموودەیـەکی لاوازە، لـە ئەعمەشەوە لە زەیدی کوڕی وەهبەوە لە عومەرەوە وتویەتی کە ئەوە راستە، کۆتایی. هـەروەها ریوایـەتکراوە لـە عـەلی کـوڕی جەعـەدەوە لـە مەسنەدەکەیدا (ل ٣٧٢، حاشیەی ٤٤٣) لەرێگـەی "شعبە"وە لە ئەبو ئیسحاقەوە لە ئەبو ئەحوەصەوە لە عەبدوللّای کوڕی مەسعودەوە بە زارەکی لە عەبدوللّاوە دەڵیٚ: (ئەگەر ئێوە سیانتان لە سەفەردابوون با یەکێکتان ببێتە ئەمیرتان با دوانتان نەچنە پاڵ یەك بەبیٚ هاوڕێکەی ترتان). "الهیثمی" لـە "المجمع" (٢٥٦/٥)دا دەڵێت: پیاوەکانی ئەو ریوایەتە پیاوی چاك و متمانە پێکراون، کۆتایی. فەرموودەش بە (مەرفوعی) لە پێغەمبـەرەوە ریوایەت ناکرێت، جێگیریش ئەوەیە کە (مەوقوفە) لەلایـەن عەبدوللّای کوڕی مەسعودەوە.

بەرپرسەکەدا دەسەپێت تا کاروبارەکانیان ڕێکبخات – گەلێک بن یاخود کۆمەڵێک– ، بەگوێرەی ئەو بەها و ئامانجانەی کەباوەڕیان پێیەتی و پێوەی پابەندن، بەهەمانشێوە هێنانەدی بەرژەوەندییەکانیان و رامالّینی ئەوکۆسپ و مەترسییانەی دەرەنجامی جێبەجێکردنی ئەو پەیوەستانامەیە کە لە نێوان ئەو گەلەی کە ئازادانە هەستان بەهەلّبژاردنی ئەو ئەندامەی   کە ئەرکیانداوە بەسەریدا تا ببێتە نوێنەریان بۆ هەستان بەو ئەرکە، لەبەرئەوە بەکارهێنانیان بۆ وشەی "أمير المؤمنين" لای ئەوان مانای دەسەلّات و خۆسەپاندن هەلّناگرێت بەو شێوەیەی لە زیهنی ئەمەوی و عەباسی و عوسمانیەکاندا هەبوو، واتای ئەمیر لە سەرەتای ئیسلامدا، یاخود لە سەرەتای یەکەمدا، ئەو مرۆڤە بوو کە گەل بەرپرسیارێتیەکی گەورەی خسبووە ئەستۆی و بڕیاری هاوکاریکردنیان پێدەدا، هەر بۆیه دەبینین کاتێک یەکێک لەوانەی کە لە ژیاندا مابوو تا سەردەمی دەسەلّاتی مەعاویە، ئەو هەستەی مەعاویەی بۆ دەرکەوت کە خۆی لەسەرو خەلّکەوە دەبینێتەوە، بۆیە کاتێ کە سلاوی لێ کرد پێ وت: سلّاو ئەی کرێکار،[1]   هەروەها ئەبو زەڕی غەفاریش هەمان شێوە کاردانەوەی هەبوو، کاتێ کە مەعاویە بە (ئەی برام) وەسفی کرد، لە وەلّامدا غەفاری پێی وت: بەلّکو تۆ تەنها برای کۆشك و کاربەدەستانی، هەر لە دەسپێکی دەمدرینەوەکەیدا خێرا دەست و

---

[1] ئەم وتەیە دەدرێتە پالّ ئەبو موسای خەولانی. بڕوانە: أبو نعيم الأصبهاني، أحمد بن عبد الله. "فضيلة العادلين عن الولاة" تحقيق: مشهور حسن محمود، رياض: دار الوطن، ١٩٩٧م، ص: ١٦٦.

پێوەندی مەعاویە نارەزاییان پیشاندا، بەڵام مەعاویە نارەزایی نیشان نەداو پشتگیری کرد، کە ئەو هەڵوێستەش سەلمێنەری ئەوەیە لای مەعاویەش نازناوی ئەمیر لە سەردەمی یەکەمدا وەک خۆی و بێلایەنانە بەکارهێنراوە، کە ئەویش هەڵنەگرتنی واتای ئیمارەت بە هەموو ئەو مانا جۆراوجۆرانەی کە دەسەڵاتداران دەیاندایە پاڵی لە بەرزی و بڵندی و دەسەڵات و تووندوتیژی، هەردوو خەلیفەیش بنچینەی تێگەیشتنیان بۆ (خەلافەت لەسەر ڕێبازی پێغەمبەر) لەسەر هۆشیاری سیاسی گەل بنیاتنابوو، بۆیە خیلافەتی هەریەکێک لەوان وەک خیلافەتی پێغەمبەر داوود وابوو، ئەمەش بوویە مایەی ماندووکردنی ئەوانەی دوای ئەمان هاتن، بۆیە ئەو شۆرشەی کرا بەسەر خەلیفە عوسماندا –خوا لێی رازی بێت– شۆرشێک بوو پاڵپشتی لەو هۆشیاریەوە هەڵێنجابوو کە لەسەر دەستی ئەو دوو خەلیفەیەوە دارێژرا بوو لەگەڵ بوونی زۆرێک لە لادان و خراپ حاڵیبوون لێی، ئەویش دەرهاویشتەی ئەو وڵاتانەبوو کە ئەو خەڵکانەی لێوە هاتبوون و گەمارۆی ماڵەکەی خەلیفە عوسمانیان دابوو، کە بە کوشتنی نەبێت بە هیچی تر قایل نەدەبوون، لەگەڵ ئەوەشدا ئینکاری ئەوە ناکرێت کە هەندێک لەو ڕەخنانەی کە ڕووبەرووی گەورەمان خەلیفە عوسمان دەکرایەوە هەندێک راستی و حەقیقەتیان لەخۆ گرتبوو، ئەمەش ئاماژەیەکی ترسناکە لەسەر چۆنیەتی تێکەڵاوبوونی ئەو بۆچوونە دروست و زیندووانە لەگەڵ ئەو بۆچوونە مردوو و خنکێنەرانەدا.

هەر بۆیە هەمیشه دیدو بۆچوون، پێویستی به تێبینی و وردکردنەوه
هەیه بۆ زانینی ئاڕاستەکەی، پێش ئەوەی لار ببێتەوه بەرەو لادان و
ترازان له مانا دروستەکەی و ڕاستکردنەوەی یەکبەیەکی ئەو ئاڕاستانه،
چونکه بیروبۆچوونەکان وەك دەرمان وایه، دروست دەکرێت، بەڵام
هاوکات کاریگەرییه لاوەکیەکانیشی لەگەڵدا دروست دەبێت، خۆ ئەگەر
بەوردی چاودێری نەکرێت، ئەوا بێگومان بەرەو لادان دەڕوات، یاخود
کەسانی لار بەرەو لادان دەیبەن .

دووەم : دەروازەیەك بەرەو تێگەیشتن له چەمکی حوکمڕانی
لەلای گەلانی ڕابردوو

سەرەتا دەمەوێت هۆشیاری بدەم لەسەر هەندێك لەو ڕێنماییانەی که
تێبینیکـردن و وەسـتان لەسـەریان بـەکارێکی گرنگ دەژمێـردرێن بـۆ
هەرسکردنی ئەم چەمکه ترسناکه، ئەگەر بـەو شێوەیەش نـەبوو، ئـەوه
دەبێتە یارمەتیدەر بۆ گەیشتن بـەجۆرێك لـه وردەکاری و دیاریکردن بۆ
نزیکبوونەوه لێی .

أـ بەگونجاوی دەبینم ئەگەر ئاماژەیـەك بکـەین به دوعاکەی باوکی
پێغەمبەران ئیبراهیم —سـەلامی خوای لەسـەر—، خوای باڵادەست بـەم

شێوه‌یه‌ دواندی: (إِنِّي جَاعِلُكَ لِلنَّاسِ إِمَامًا قَالَ وَمِن ذُرِّيَّتِي قَالَ لاَ يَنَالُ عَهْدِي الظَّالِمِينَ) (البقرة: ١٢٤) واته‌: {بڕیارم داوه‌ که‌ بتکه‌مه‌ پێشه‌وای خه‌ڵکی له‌ هه‌موو سه‌رده‌مه‌کاندا، ئه‌ویش وتی: په‌روه‌ردگارا من حه‌ز ده‌که‌م که‌ نه‌وه‌کانیشم له‌و به‌هره‌یه‌ بێبه‌ش نه‌بن، خوای گه‌وره‌ فه‌رمووی: په‌یام و په‌یمانی من بۆ سته‌مکاران نابێت}، لێره‌دا مۆڵه‌تێک هه‌یه‌ بۆ ئیمامه‌ت له‌لایه‌ن که‌سێکه‌وه‌ ئه‌ویش خوای باڵاده‌سته‌، هه‌روه‌ها سته‌م و داد هه‌یه‌ وه‌ک به‌هایه‌ك پێویسته‌ بناسرێن، که‌سانێك هه‌ن له‌ناو مرۆڤه‌کاندا سته‌م له‌ خۆیان ده‌که‌ن، که‌سانێكیش مام ناوه‌ند و میانڕه‌ون، هه‌یشه‌ ده‌ستپێشخه‌رن له‌ چاکه‌دا، ئیمامه‌تیش له‌م ئایه‌ته‌ پیرۆزه‌دا شێوه‌یه‌که‌ له‌ به‌لێنی خوایی له‌ نێوان خوای به‌رز و باڵا و مرۆڤدا، به‌لێنێكه‌ سته‌مکاران ناگرێته‌وه‌ و لێیشی نزیک نابنه‌وه‌، که‌سیش بۆی نییه‌ به‌هیچ کلۆجێك لێی نزیک ببێته‌وه‌، چجای ببنه‌ خاوه‌نی، ئا لێره‌وه‌ به‌های داد به‌رامبه‌ر سته‌م ده‌رده‌که‌وێت به‌و سیفه‌ته‌ی که‌ -پاش یه‌کتاپه‌رستی- لای پێغه‌مبه‌ران ئامانجی یه‌که‌مه‌، هه‌روه‌ها لای ئه‌و که‌سانه‌ی که‌ له‌ دوای پێغه‌مبه‌رانه‌وه‌ هه‌ڵده‌ستن به‌ کاری چاکسازیی، بۆیه‌ کۆمه‌ڵێك زاراوه‌ و چه‌مکی لاوه‌کی به‌ده‌رده‌که‌ون: پێشه‌وایه‌تیه‌کی ڕاوه‌ستاو به‌ دانانێكی خوایی، به‌لێنی خوایی، سته‌م و سته‌مکاران به‌رامبه‌ر داد و دادپه‌روه‌ران و زۆرێکی تریش،.. ئه‌م بانگه‌وازه‌ له‌لایه‌نی خوای باڵاده‌سته‌وه‌ بۆ ئیبراهیمی باوکی پێغه‌مبه‌رانه‌ و به‌رده‌وامیش ده‌بێت بۆ هه‌موو ئه‌وانه‌ی خوای گه‌وره‌ کردوونی به‌ پێشه‌وا و پێشه‌نگ له‌ پێغه‌مبه‌ران و نێردراوانی خوایی، ئه‌وانه‌ی که‌ خوای گه‌وره‌ فه‌رمانمان پێ ده‌کات به‌باوه‌ڕبوون پێیان و

شوێنکەوتنیان (وَجَعَلْنَا مِنْهُمْ أَئِمَّةً يَهْدُونَ بِأَمْرِنَا لَمَّا صَبَرُوا وَكَانُوا بِآيَاتِنَا يُوقِنُونَ) (السجدة: ٢٤) واتە: {هەروەها کردمانن بە چاوساغ و پێشەوای گەلان لە سەردەمەکانی پێشوودا، کاتێک کە زۆربەیان خۆگری و ئارامگرییان کردە کالّای بالّای خۆیان و بە تەواوی دلّنیابوون لە ئایەتەکانی ئێمە لە تەوراتدا و دواتریش لە سەردەمەکانی داهاتوودا هەندێکیان مسولّمان دەبن و باوەڕ دەهێنن بە ئایەتەکانی ئێمە لەم قورئانەدا}، (وَاجْعَلْنَا لِلْمُتَّقِينَ إِمَامًا) (الفرقان: ٧٤) واتە: {پەروەدگارا.. بمانکە بە پێشەوای تەقواداران و پارێزکاران}، (أُولَئِكَ الَّذِينَ هَدَى اللَّهُ فَبِهُدَاهُمُ اقْتَدِهْ قُل لاَّ أَسْأَلُكُمْ عَلَيْهِ أَجْرًا إِنْ هُوَ إِلاَّ ذِكْرَى لِلْعَالَمِينَ) (الأنعام: ٩٠) واتە: {ئەو پێغەمبەرانەی کە باسکران، ئەو کەسانەن کە خوای گەورە بەتایبەتی هیدایەت و ڕێنموونیکردوون، تۆش شوێنی هیدایەت و ڕێنمونی ئەوانە بکەوە، هەروەها بەو خەلکە بلّێ کە من هیچ پارە و پوول و سامانێکم لە ئێوە ناوێت، دلّنیاش بن کە ئەم قورئان و بەرنامەیەی بە مندا ڕەوانەکراوە تەنها یادخەرەوەیە بۆ هەموو خەلکی ئەم جیهانە، تا پەیرەوی بکەن و پیادەی بکەن}.

ب— وادیارە لە بابەتی ئیمامەت و پەیوەستکردنی بەوەی کە دانانێکی خواییە لە بۆچوون دەربارەی کەسانی پالّفتەکراو لەلایەن خواوە سەرچاوەی گرتووە، ئەم بۆچوونەش پێویستە ڕەچاو بکرێت لەگەلّ ئەو کرداری دانان و هەلّبژاردن و پالّفتەکردنی تاکەکاندا: (اللَّهُ يَصْطَفِي مِنَ الْمَلَائِكَةِ رُسُلًا وَمِنَ النَّاسِ إِنَّ اللَّهَ سَمِيعٌ بَصِيرٌ) (الحج: ٧٥) واتە: {ئەو

خوای که ڕێزی بۆ دروستکراوه شایستهکانی داناوه، له فریشته و له خەڵکی، کەسانێکیان لێ هەڵدەبژێرێت بۆ ڕێنوێنی ئەوانی تر ... بەڕاستی ئەو خوایه تەواو بیسەره به گفتوگۆی بەندەکانی، تەواویش بینایه به کار و کردەوه و هەڵسوکەوتیان{ ئەو هەڵبژێردراوانەش پەیوەستن به چەند سیفەتێکی دیاریکراو تا لێیانەوه کرداری پاڵفتەکردنی خوایی بۆ گەل و نەتەوەکان تێبگەین: (إِنَّ اللَّهَ اصْطَفَى آدَمَ وَنُوحًا وَآلَ إِبْرَاهِيمَ وَآلَ عِمْرَانَ عَلَى الْعَالَمِينَ) (آل عمران: ٣٣) واته: }لەڕاستیدا له نێو گرۆی ئیمانداراندا خوای گەوره ئادەم باوکی سەرجەم مرۆڤەکان و نووح پێغەمبەر و ئیبراهیم و نەوەکانی (که محمد (د.خ) له نەوەی ئیسماعیلی کوڕیەتی)، هەروەها خانەوادەی عیمرانی هەڵبژاردووه، (بەهۆی دینداری و خواناسی و پابەند بونیانەوه به فەرمانەکانی خواوه)، وه باوی داون و ڕێزی داون بەسەر سەرجەم خەڵکانی تردا{ کرداری پاڵفتەکاری خوایی بۆ تاکەکان که ئەوانیش پێکدێن له پێغەمبەران و نێردراوان و هەڵبژاردنی گەلانێک تا ببنه زەمینەی چالاکی ئەو پێغەمبەر و نێردراوانه و زەمینەی سەرکردایەتیکردن و هیدایەتدان، ئەمەش کارێکه دەبێت لەبەرچاو بگیرێت کاتێک ئێمه دەمانەوێت گفتوگۆ بکەین لەسەر چەمکی (حوکمڕانی خوایی)، که ئەوەش پاڵفتەکردنێکه بۆ له ئەستۆگرتنی ئەرکێکی دیاریکراو، ئەویش ئەرکی جێنشینیکردنه .

ت- ناچارین کەمێک بگەڕێنەوه دواوه بەمەبەستی چاوخشاندنەوه به مێژووی سیستمی یاسایی و تەشریعی و کۆمەڵایەتی، که مرۆڤایەتی لە

سەردەمە جۆراوجۆرەکاندا بەخۆوەی بینیوە، تا ئەو سیستمانەمان بۆ
ئاشکرا بێت کە بەشێوەیەك لەشێوەکان لەسەر بنەمای (حوکمڕانی
خوایی) یاخود (دەسەلاتی خوایی) دامەزراون، ئەو ڕژێمانەش زیاتر لای
سۆمەری و ئەکەدیەکان ناسراو بوون، هەندێکیشیان لای بابلیەکان ناسراو
بوون، هەروەها لای فیرعەونییەکان و جگە ئەمانیش لای نەوەکانی
شارستانیەتە کۆنەکان، بەهەمانشێوە دەبینین چەندین ڕژێم هەبوون
بەناوی خەلکەوە حوکمیان کردووە، ئیتر خەلکی شارێك، یان خەلکی
هۆزێك، یان هەر خەلکێکی تر بووبێت، ئەگەر سەیرێکی ئەو مێژووە بکەین
لەپێشیەوە کاروانێك دەبینین و تێبینی دەکەین، کە ئەوەش زۆر
یارمەتیدەر دەبێت بۆ بوونی هۆشیاری بە سروشتی چەمکی
دەسەلاتدارێتی بەشێوەیەکی ڕەها، سەرەنجام زۆرێك لە ڕێباز و یاسا
کۆنەکان بەشێوەیەك لە شێوەکان دەدرانەوە پال (ئاین)، بۆیە هەندێك
لە سیستمی شارستانیەتە کۆنەکان لەلایەن پیاوانی پەرستگاکانەوە
"کاهینەکان" دەردەچوون، هەندێکی تریشیان لەلایەن پاشا و
سەرکردەکانەوە دەردەچوون، ئەوانەیان لەلایەن کاهینەکانەوە
دەردەچوون بە سروشی خوایی دادەنران، یاخود بە (سێبەری خوایی
لەسەرزەوی) دەژمێردران، کە ئەم جۆرەش لە ڕێسا و یاسا و فەرمانەکان،
دەسەلات، یاخود هێزی خوایی پێدەبەخشرا لەو بوارەدا، لەبەرامبەر
ئەمەشدا هەندێك لە گەلانی کۆن بەوە دەناسرانەوە بەتایبەت گەلی ڕۆما
کە بۆچوونیان وابوو ئەو شەریعەتە یان ئەو بنەما تەشریعیانە کارێکی
مرۆییە و لەلایەن مرۆڤەکانەوە دەردەچێت، نەك لەلایەن خواوەندەوە، بەو

پێیە ئەم گەلە گوزارشتیان کرد لە ویستی خۆیان بۆ جیاکردنەوەی ئایین
و یاساکان لە یەکتری لە رۆمادا، جیاکردنەوەیەك کە تا ئێستاش زۆرێك
لە زانایانی بواری یاسا بە گرنگترین تایبەتمەندی هەژماری دەکەن،
بەوپێیەی یاساکانی رۆمانی جیا ئەکاتەوە لە زۆربەی سیستمە
یاساییە کۆنەکانی تر .

لەڕاستیدا هەندێك لە مێژوونووسانی سیستمی یاسایی و
کۆمەڵایەتی ئەوە رەتدەکەنەوە کە رۆڵی یەکەم بگێردرێتەوە بۆ
ئایین لەوە خاوەندارێتی سیستمی گشتی کردبێت لە
شارستانیەتی ولاتی کۆنی نێوان هەردوو رووبار (عێراق)، لە
بنەرەتدا شارە سۆمەریەکان دەسەڵاتێکی ئایینی حوکمی ئەکردن،
هاوکات لەپاڵ دەسەڵاتدارێکی مەدەنی کە بەجێنشینی خواوەند لە
زەویدا دەژمێردرا، کە ئەویش گەورەترین کاهینەکانی مەملەکەت
بوو، ئەمەش بە واتای بوونی جۆرە یەکخستنێك لەنێوان هەردوو
دەسەڵاتدا: دەسەڵاتی کاتیی و دەسەڵاتی ئایینیی، حوکمەکانیش لەو
شارستانیەتە کۆنەدا بەناوی خواوەندەوە جێبەجێ دەکران، بەڵکو
دیاریکردنی پاشا – لەو شارستانیەتەدا   – دەدرایەوە پاڵ خواوەند،
بەجۆرێك لەجۆرەکان خواوەند خۆی پاشای هەڵدەبژارد.

بەڵام لە سەردەمی پاشایەتی ئەکەدیەکاندا چەمکی حکومەتی
جیهانی سەریهەڵدا و پاشای گەورە بە پاشای هەرچوار لای جیهان
وەسفدەکرا، پاشاش خۆی بە یەکێك لە خواوەندەکان دەژمارد و خۆی بە
39

بەرپرس لــە جێبەجێکردنی ویستی کۆمەڵەی خواوەندەکانی زەوی دەزانی، هەربۆیە ئەو گوزارشت لــە خواستی خواوەند دەکات و بە سرووشی ئەو نەبێت کار ناکات، هەر ئەویش بەرپرسە لە لادان و هەڵەکانی رەعیەتەکەی لەبەردەم خواوەنددا، دەرەنجامی ئەوەش پێویست دەکرا لەسەر رەعیەتەکانی خواوەند تا ملکەچییەکی تەواو دەربڕن.

بەڵام لە دەوڵەتی حەیسیەکاندا لە وڵاتی نێوان هەردوو رووبار، کەمێک حاڵەتەکە گۆڕا و جیاوازبوو لەوەی لە دەسەڵاتدارێتیە گەورەکاندا هەبوو، ئەوانەی یاسای خواییان لە میسر یان لە بابل هەبوو، وای لێهات پاڵپشتی دەسەڵات تەنها بریتی بوو لە هێز، شەرعیەتی بوونی پاشا و گوێڕایەڵیکردنی لەسەر بەهێزی و زاڵبوون و توانای بەدەستهێنانی سەرکەوتنی بەسەر ئەوانی تردا وەستابوو. ئەوەشی پەیوەندی بە لایەنی ئایینیەوە هەبوو لەم دەوڵەتەدا، پاشا نە بە خواوەند و نە بە جێگرەوەی خواوەند نەدەژمێردرا، بەڵکو بەوە دەژمێردرا کە لەبەر ئەوەی توانای هەیە بۆ سەرکەوتن، کەواتە یارمەتی خواوەندی لەگەڵە و پاش مردنیشی دەچێتە ریزی خواوەندەکانەوە و وەک یەکێک لەوان هەڵسوکەوتی لەگەڵ دەکرێت، یاخود وایان دادەنا رایەڵەیەکی پەیوەندی بێت لە نێوان خودا و خەڵکدا، هەروەک لای بابلیەکانیش بەو شێوەیە بوو، هەرچی خەوبینین و نووستن و گەشبینی و رەشبینیەکانیشی هەیە بە هۆکارێک لە هۆکارەکانی پەیوەستبوون بە خواوەندەوە لێکیاندەدایەوە.

بێگومان گرنگترین گەلێك كە پێویستە بیر لە كلتوورەكەی بكرێتەوە
— لە بواری دەسەڵاتدارێتی خواییدا — عیبرانیەكانن، پاشان نەوەكانی
ئیسرائیل "جوولەكە" زاراوەی عیبرانی گشتگیرتر و بەربڵاوترە لە زاراوەی
نەوەكانی ئیسرائیل، لە دروستترین وتەكانی مێژوونووسان: جوولەكەكان
ئەوانـەن لـە رووبـاری فووراتـەوە پەرِیونەتـەوە بـەرەو فەڵەسـتین و
شوێنەكانی تر، پاشان هەندێكیان لە فەڵەستین نیشتەجێبوون و تێكـەڵ
بەسامیەكان بوون و شوێن بیروباوەرِی ئەوان كەوتوون، هەندێكیشیان
چـوونەتە میسـر و لـەوێ ماونەتـەوە، كەواتـە عیبرانیـەكان، یـاخود
عیبریەكان، هەیانە میسرین و سامیەكانیشیان تێدایە كە لە عێراقـەوە
هـاتوون، وڵاتـی نێـوان دوو رووبارەكـەیان بەجێهێشـتووە و چـوونەتە
فەڵەسـتین و بـە پلـەی یەكـەمیش چـوونەتە میسـر و هەنـدێك ناوچـەی
دەوروبەر.

عیبرانیەكان ماوەیەكی دوورودرێژیان بەجێگۆرِكێكردن بەسـەربردووە،
زیاتر لە حاڵەتی دەشتەكیەكان دەچوون، كە لەملا بۆ ئەولا دەگەرِان تـا
لەوەرگایەكیان بەدەست بكەوێت، خۆ ئەگەر هەر كات شوێن و هۆكارێكی
لەبار و گونجاو و ئاوداریان دەستبكەوتایە حەزیان بەجێگیربوون دەكرد،
ئەوان لەو قۆناغەدا هۆزبوون، هۆزیش پێكدەهات لـە چەند خێزانێك كە
خۆیان لە بنچینەدا بەیەك دەزانی.

پەیوەنـدی بنەرِەتی لـەنێو ئـەم جـۆرە سیسـتمە هۆزایەتیـەدا،
پەیوەندی خوێنە، كە دەكرێت لە سـەرەتادا —كاتێك كە هۆزەكە

بچووکه - حەقیقی بێت، بەڵام کاتێک هۆزەکان جۆری تریان تێکەڵ دەبێت، پێویست دەکات هۆزەکە ئەوانیش بخاتە چوارچێوەی دەسەڵاتدارێتی خۆیەوە، ئەویش پێی قایل دەبێت، بۆیە شتێکی فراوانتر لە پەیوەندی خوێن لەنێوان ئەوانەی که ئەو هۆزە تێکەڵاوە پێکدەهێنن پەیدا دەبێت، خاوەن دەسەڵات لە حوکمی هۆزایەتیدا، لە نەریتی عەرەب و جگە عەرەبیش ئەوانەی که ژیانی دەشتەکی دەژیان شێخی هۆزەکەیە، هەرخۆی حاکمیانە و هەرئەو خاوەن دەسەڵاتی گوێ بۆگیراوە و شتەکان بە ویستی ئەو و رەزامەندی ئەو دەبێت، عیبرانیەکانیش شێخی هۆزیان هەبوو، بەڵام ئەوەی جێگای تێڕامانە زۆرێك لەو شێخانە نازناوی "نصی"یان بۆ دادەنرا، دەیانوت "نصی"، یان فڵان "نص"ـە، مەبەستیان پێی شێخ یان گەورەی هۆزەکە بوو، ئەویش لەسەر بناغەی ئەوەی که ئەویان بە چاکترین و شەریفترین کەسی هۆزەکە "نواصی القوم" هەڵبژاردووه، هەربۆیە پێی دەوترا "نصی" بەوپێیەی هەڵبژێردراوەکە گەورەترین و بەرێزترین کەسیانه [1].

هۆزە عیبریەکان لە وڵاتی کەنعان (فەڵەستین) مانەوە و تێکەڵ بە سامیەکانی خەڵکی باشوور بوون و چوونه سەر بیروباوەڕی ئەوان، پاشان ئیسرائیل و کوڕەکانی کۆچیانکرد بۆ میسر، پێش ئەوانیش یوسف — سەلامی خوای لەسەر— لە دەرەنجامی فێڵ و تەڵەکەی براکانی کەوتبووه ئەوێ، دواتر لەوێدا بووبوویه وەزیری فیرعەون، مێژوونووسان بۆچوونیان

<hr>

[1] بڕوانه: بدر، محمد. "تأريخ النظم الاجتماعية والقانونية".

جیاوازه لەسەر دیاریکردنی مێژووی ئەو کۆچکردنە، هەرچەند هەندێکیان پێیانوایە دەکەوێتە سەدەی هەژدەهەمی پێش زایین، یەکەمجار نەوەکانی ئیسرائیل لە ڕۆژهەڵاتی دەلتا لە میسر وەك ئاژەڵدار نیشتەجێ بوون، پاشان وەك جوتیارێك بۆ ماوەی چەند سەدەیەك تێیدا جێگیربوون، ئەگەر سەیری ئەم سەرچاوەیە بکەین کە لەسەر جۆرێك لە گریمانە وەستاوە و هەوڵبدەین شتێك بدۆزینەوە پشتی پێ ببەسترێت، دەستمان دەکەوێت لە سەر دەقەکانی سەردەمی کۆن کە تێیدا ماوەی نێوان گەیشتنی ئیبراهیم و کۆچی ئیسرائیل و نەوەکانی بەنزیکەی دوو سەدە دیاری کردووە، ئەم وتەیەی لێوە هاتووە: ئیبراهیم کاتێك کە (حەران)ی بەجێهێشت بەرەو فەڵەستین تەمەنی حەفتاو پێنج ساڵ بوو، پاش تێپەربوونی بیست و پێنج ساڵ ئیسحاقیش لەدایك بوو[1]، (کە ئیسحاق تەمەنی گەیشتە شەست ساڵ یەعقوبیان لەدایکبوو) سیفری تەکوین/٢٦/٢٥، (کاتێکیش یەعقوب گەیشتە میسر تەمەنی سەدو سی ساڵ بوو) سیفری تەکوین/ ٤٧/٩، کاتێك ویستی خوای باڵادەست لەسەر ئەوە بوو نەوەکانی ئیسرائیل پاڵفتە بکات و ڕزگاریان بکات لە حاڵەتی پەرشوبڵاوی و هۆزایەتی تا ببنە یەك نەتەوە و بتوانن تەورات هەڵبگرن، ڕێگایان پێدرا لە میسر بچنە دەرەوە، مووسایشی بۆ هەڵبژاردن ـ سڵاوی خوای لەسەر ـ تا بەو ئەرکە هەستێت و ئەو پەیامە جێبەجێ بکات و

---

[1] کتێبی پیرۆز، قاهرة: دار الکتاب المقدس، حەوتەم دەرکردن، ط٢، ٢٠٠٨ز، سیفری تەکوین (١٢/٤)

هۆزەکانی نەوەی ئیسرائیل یەک بخات و بیانکاتە یەك گەل و نەتەوەیەکیان لیّ پیّکبهیّنیّت، تا پەیوەندییەکی بیروباوەڕی و ئایینی لەنیّویاندا دروست ببیّت .

بۆ یەکخستی هۆز و بالّەکانی ئیسرائیل و کردنیان بە یەك گەل، پیّویستی بە ماندووبوونیّکی زۆر هەبوو، کە مووسا و هاروونی برای پیّی هەستان هەر لەکاتی چوونەدەرەوەی نەوەکانی ئیسرائیل لە میسر و پەڕینەوەیان لە دەریا، دیارترینی ئەو هۆکارەش کە گیرایەبەر بۆ یەکخستی هۆزەکان و گۆڕینیان بۆ یەك گەل، ئەو کۆبوونەوەیەیان بوو لە دەوری مووسا بەوپیّیەی نیّردراو و پیّغەمبەری خوایە بۆ نەوەکانی ئیسرائیل، ئەم یەکخستنەوەیەیان وای کرد کە هەموویان پیّکەوە بن و قایلبن بەو پەیامەی کە ئەوان بەشیّکن لە گەلی خوا و سەرزەمینی پیرۆزیش کە خوای گەورە پیرۆزی کردووە و ئەوانی بەرەو ئەو شویّنە ناردووە زەوی و مەملەکەتی خوایە، ئەوەی دەیەویّت لە بازنەی گەلی خوادا بیّت و پەیوەست بیّت بە مەملکەتی خوا لە نەوەکانی ئیسرائیل، لەسەریەتی راستەوخۆ قبوولّی (دەسەلّاتداریّتی خوا) بکات و بۆچوون و باوەڕی وابیّت کە مووسا و هاروونی برای هەردووکیان نیّردراو و پیّغەمبەرن لەلایەن خواوە، وتە و پەیامەکانی خوایان هەلّگرتووە بۆ ئەو گەلە، هەروەها دەبیّت رەزامەندبن بەدەرچوون بەرەو خاکی پیرۆز و مانەوە و پەیوەستبوون پیّوەی، دەبیّت رازی بن بەوەی لە تەوراتدا و

هاتووه و لهوهی که مووسا هێناویهتی له (لوح) تابلۆی پاریزراو لهلایهن خواوه .

لهراستیدا ئهمهش پهیوهست بوو بهوهی که خوای بێهاوتا وهڵامی ههموو ئهو داوایانهی ئهو گهلهی دایهوه لهو بهخشیشه خواییهی که داوایان کردبوو، کاتیّ که داوای ئاویان کرد کانیاوی بۆ تهقاندنهوه، کاتێکیش داوای خواردنێکی تایبهتیان کرد بۆی ئامادهکردن و گهرزۆو شهونمی بۆ باراندن (فَقُلْنَا اضْرِب بِّعَصَاكَ الْحَجَرَ فَانفَجَرَتْ مِنْهُ اثْنَتَا عَشْرَةَ عَيْناً) (البقرة: ٦٠) واته: {ئێمهش نیگامان بۆ کرد که دار عهساکهت بماڵه به بهردهکهدا، ههر که ئهو کارهی کرد له دوانزه شوێنی بهردهکهوه ئاوی سازگار ههڵقوڵاو و دوانزه کانی دروست بوو}، ئهو بهخشیشه خوایی و موعجیزه ئامێزه و ئهو دهسهڵاته ههستیاره لهرادهبهدهرهی که بهخشیبووی به پێغهمبهر مووسا، مهرجدار و هاوتای کرد به ئامادهکردنی سزایهکی تووند، جهختیشی کردهوه لهوهی پێویسته ئاگاداری ئهو دهرهنجامهبن کاتیّ بیانهوێت گوێرایهڵی خوای باڵادهست نهکهن، (وَإِذ نَتَقْنَا الْجَبَلَ فَوْقَهُمْ كَأَنَّهُ ظُلَّةٌ وَظَنُّواْ أَنَّهُ وَاقِعٌ بِهِمْ خُذُواْ مَا آتَيْنَاكُم بِقُوَّةٍ وَاذْكُرُواْ مَا فِيهِ لَعَلَّكُمْ تَتَّقُونَ) (الاعراف: ١٧١) واته: { بیریان بخهرهوه کاتێک که کێوی طورمان له جێی خۆی ههڵکهند و بهرزمان کردهوه به راسهریانهوه وهکو پهڵه ههوریّکی چڕ، ئهوسا به تهواوی ترسیان لیّ نیشت و وایانزانی که دهکهوێت به سهریاندا، ئینجا پێمان وتن: ئهو تهورات و بهرنامهیهی بۆمان رهوانه کردوون به تووندی بیگرن و پهیرهوی بکهن،

ئەو فەرمانانەی تێیدایەتی با هەمیشە لە یادتان بێت و سنووربەزێنی
مەکەن، هەوڵبدەن هەمیشە بە تەقوا و دیندار و پارێزکار بن﴾، خۆ ئەگەر
سەرپێچی بکەن لەوەی پێیاندراوە، لەوێنەی ئەو موعجیزە و ئەو
بەخشیشە خواییانە تا راستەوخۆ بگونجێت لەگەڵ سزا توونده
ئامادەکراوەکەدا، ئەوەش ئاماژەیە بەوەی ئەم گەلە ئەوەی داوایان
کردبوو لە خوای باڵادەست، هەمووی بۆ هێناونەتە دی، ئەوەی کە
پێویست بوو پیشانیان بدات لە شتی لەڕادەبەدەر و موعجیزە،
پیشانیدان، کەواتە هیچ بیانوویەك نەماوە تەنها دەبێت دەبكەچ بن و
تەسلیم ببن بە گوێڕایەڵیکردنی تەواو بۆ خواوەندی بەرز و بلند، لەگەڵ
ئەوەشدا نەوەکانی ئیسرائیل زۆر بەلەسە دەبوون و زۆر دەردەچوون لە
ژێر ئەو دەسەڵاتە راستەوخۆیەی خوای باڵادەست، ئەوەندە بەسە کە
ئاماژە بکەین بە رووداوی هەلگەڕانەوەی بەکۆمەڵ، ئەوەبوو هەرکە مووسا
پشتی هەڵکرد و ڕۆیشت، خێرا هەلگەڕانەوە و دەستیان کرد بە گوێرەکە
پەرستن، لەگەڵ ئەوەی هاروونی برایشی لەنێویاندا بوو، کە ئەمەش
هەلگەڕانەوەیەکی بەکۆمەڵ بوو لەلایەن ئەو گەلەی کە هەڵبژێردرابوو بۆ
یەکتاپەرستی خوا و پەرستن و گوێڕایەڵیکردن بۆ حوکمرانی خوایی،
بەڵکو زۆرجار دەچوون بەگژ پێغەمبەر مووسادا و گلەیی ئەوەیان لێ
دەکرد کە ئەو دەریهێناون لە خاکی میسر و بووەتە هۆکاری
بێبەشبوونیان لە خواردەمەنیەکانی میسر، لەڕاستیدا لە کتێبی پیرۆزدا

چەندین رستە هاتووە ئاماژە بۆ ئەوە دەکەن(¹)، لە ئیسحاقی سی و
دوودا هاتووە هاروون دەڵێ بە موسای برای (سەلامی خوایان لەسەر): تۆ
خۆت دەزانیت ئەم گەلە لەنێو خراپەدان.

لەڕاستیدا نەوەکانی ئیسرائیل شتی زۆریان بەسەر هات، کە بریتی
بوون لە کۆمەڵێک گۆڕانکاری بەدوای یەک، بەتایبەت پاش وەفاتی هەردوو
پێغەمبەر موسا و هاروون (سەلامی خوایان لەسەر)، ئەوەبوو سەرلەنوێ
ناکۆکی کەوتە نێوانیان، پەیرەویکردنیان لێ تێکچوو، ئەو هاوبەندیە
خزمایەتیەی کە لەنێوانیاندا هەبوو هەڵوەشایەوە، هەندێکیشیان تێکەڵ بە
گەلانی دەوروبەریان بوون، هەندێکی تریشیان گەلانی دراوسێ کاریگەری
لەسەریان هەبوو تا ئەو رادەیەی بوونەتە بتپەرست، هەروەك لە
کتێبەکانی سەردەمی کۆن (حوکمڕانی قازیەکان) باسی لێوەکراوە، لەو
قۆناغەشدا فیتنە و توندوتیژی کەوتە نێوانیان، هەرکاتێک پێغەمبەرێک
هەستایە بە سەرلەنوێ بانگکردنیان بۆ یەکێتی و پێکەوەبوون، ئەوەی کە
لەتواناياندا بوو بەسەریان بهێنن بەسەریان دەهێنان، ئەوەبوو زۆرێك لە
پێغەمبەرانیان کوشت، لە دەسەڵاتدارەکانیان هەڵگەڕانەوە، ئەو حاڵەتە
خراپەیان بۆ خۆیان پێ پەسەند بوو لەکاتێکدا خوای گەورە لێی
دەربازکردن و رزگاری کردن لێی، پاش ئەمەش بە کۆمەڵێک سەردەمی
تردا تێپەڕین، یەکێک لەو سەردەمانە کە بە سەردەمی (حوکمڕانی

---

¹ بڕوانە ئیسحاقی: (۳۲/۹ ، ۲۳/۵،۳).

قازیـهکان) ناسـرابوو، دواتـریش بـهو سـهردهمهى کـه بـه سـهردهمی (حوکمڕانی پاشایهتی) ناسرابوو.

خواى گهوره له یهکێك لهو قۆناغانهدا پێغهمبهر (داوود و سولهیمان)ى بۆ ناردن (سهلامى خوایان لهسهر) به سیفهتى دوو جێنشین: (یَا دَاوُودُ إِنَّا جَعَلْنَاكَ خَلِيفَةً فِي الْأَرْضِ فَاحْكُم بَيْنَ النَّاسِ بِالْحَقِّ وَلَا تَتَّبِعِ الْهَوَى فَيُضِلَّكَ عَن سَبِيلِ اللَّهِ إِنَّ الَّذِينَ يَضِلُّونَ عَن سَبِيلِ اللَّهِ لَهُمْ عَذَابٌ شَدِيدٌ بِمَا نَسُوا يَوْمَ الْحِسَابِ) (ص: ٢٦) واتـه: {ئـهى داود: ئێمـه تۆمـان کردووه به جێنشین لهو ولاتهدا ، ههمیشـه ههوڵبده فهرمانڕهوایی لـه نێـو خهڵکیدا لهسـهر بنچینهى حـهق و ڕاستی و دادپـهروهرى ئـهنجام بده ، هـهرگیز نهکهیت شوێنى ئارهزوو بکهویت، بۆئهوهى نهبیته هۆى وێڵکردنى خهڵکی له ڕێبازى ئاینى خواى گهوره، چونکه ئهوانـهى لـه ڕێبـازى خواى گهوره لادهدهن، سزاى پڕ ئێش و ئازار بۆیان ئامادهیه، بههۆى فهرامۆشکردن و حسـاب نـهکردنیان بـۆ ڕۆژى قیامـهت}، بۆیـه قۆناغهکـه لـه قۆناغى (حوکمڕانی خواوهند)هوه راستهوخۆ گۆڕا بـۆ حـوکمڕانی جێنشیـنی پێغهمبـهران و نێردراوانـى خـودا کـه حـوکمڕانی ئـهو گهلـهیان بـهپێی شهریعهتی خواى بالادهست دهکرد، ههروهها حوکمیان بهوه دهکرد که له تهوراتدا هاتووه، بهو پێیهى ئهوان پێغهمبهرى جێنشینن لهلایهن خواوه، لهگهڵ ئهوهشدا ههڵسوکهوته ناپهسهند و لادان و ههڵگهڕانهوهیان هـهر بهوهیشهوه نهوهستان، بهڵکو داوایان کرد له خوا که وهك خهڵکانی تـر پاشایهکیان بـۆ دیـارى بکـات، ئهمـهش دهرهنجـامی چاولێگهرى لـه

48

دەوروبەریان و بوونی ئارەزوو بۆ تێکەڵاوبوونیان بە گەلانی تر، بەتایبەت حەزیان بەتێکەڵاوی ئەو هۆزە بتپەرستانە دەکرد کە لە دەوروبەریان بوون – لە هەندێك کات و قۆناغدا– خوای گەورە لە قورئانی پیرۆزدا ئاماژه دەکات بۆ ئەم بابەتە: (إِذْ قَالُواْ لِنَبِيٍّ لَّهُمُ ابْعَثْ لَنَا مَلِكًا نُّقَاتِلْ فِي سَبِيلِ اللّهِ قَالَ هَلْ عَسَيْتُمْ إِن كُتِبَ عَلَيْكُمُ الْقِتَالُ أَلاَّ تُقَاتِلُواْ) (البقرة: ٢٤٦) واتە: {رۆژێکی بە پێغەمبەرەکەیان وت: تۆ پاشایەك، سەرکردەیەکی شایستەمان بۆ دیاری بکە، تا لەژێر سەرکردایەتی ئەودا لە پێناوی خوادا بجەنگین دژی دوژمنان و ستەمکاران، پێغەمبەرەکەیان وتی: باشە، ئەی ئەگەر جەنگتان لەسەر بڕیاردرا و خەریك بوو شەڕ یەخەتان بگرێت، کەچی پەشیمانبوونەوە و نەجەنگان، ئەوسا چی دەڵێن؟!}، پاشان خوای گەورە (طالوتی) کرد بە پاشایان: (وَقَالَ لَهُمْ نَبِيُّهُمْ إِنَّ اللّهَ قَدْ بَعَثَ لَكُمْ طَالُوتَ مَلِكًا قَالُواْ أَنَّى يَكُونُ لَهُ الْمُلْكُ عَلَيْنَا وَنَحْنُ أَحَقُّ بِالْمُلْكِ مِنْهُ) (البقرة: ١٤٧) واتە: {پێغەمبەرەکەیان بەوانەی کە ئامادەییان تێیدا بوو وتی: ئەوە ئیتر خوای گەورە بڕیاریداوە کە (طالوت) ئەو پاشا و سەرکردەیە بێت، کەچی هەندێکیان وتیان: جا ئەوە چۆن دەبێت سەرکردە و پاشای ئێمە بێت، کەی لە ئێمە شایستەترە بەوەی کە پاشا و سەرکردە بێت..}.

لەڕاستیدا دەتوانین بڵێین ئەوەی ئیسرائیل بەشێوەیەکی زۆر دیاریکرا و لە مانای (حوکمڕانی خوایی) تێگەیشتبوون، ئەوەتا کتێبی ئاسمانی دابەزیوه، لەگەڵ بوونی دەقێکی نووسراو لە ناو تابلۆدا (کە باوەڕیان

وابوو ئەو تابلۆیانە خوای گەورە بە دەست و پەنجەکانی خۆی
نووسیویەتی)، داوایشیان لێ کراوە جێبجێی بکەن و لەئەستۆی بگرن،
لەگەڵ هەموو ئەمانەشدا پێغەمبەرانیش نێردران و هەڵسان بە کاری
بانگەواز و نێوەندگیری لەنێوان ئەوان و خوای باڵادەست .. بەڵام ئەوان
هەموویان هاوڕابوون لە تێڕوانینیان بۆ موعجیزەی بەخشیش (کاتێک
داوای هەر شتێکیان دەکرد خوای گەورە بۆی جێبەجێ دەکردن) و لەگەڵ
ئەو ڕێزگرتنە خواییە ڕاستەوخۆیە کە بریتیبوو لە (حوکمڕانی خوایی)،
لەهەمانکاتیشدا هاوڕابوون لە تێڕوانینیان بۆ ئەو سزا تووندە لەکاتی
ڕوودانی هەر لادانێک لە جێبەجێکردنی تەورات و شەریعەتدا، ئەوەبوو
کاتێک کە سەردەمی پاشایەتی و جێنشین هاتە پێش لە سەردەمی
"پێغەمبەر داوود و پاشان پێغەمبەر سولەیمان"دا هەندێکیان باریان
ڕاست بوویەوە، بەڵام هەر هەر بە وەفاتی سولەیمان ئەوەی کە خوای گەورە
بەئاگای هێنانەوە لێی: بەلاڕێدا چوون و لادان دەبێتە مایەی تیاچوونیان،
بەو شێوەیەبوو، ئەوەبوو لە ساڵی (٧٢١)ی پێش زایین ئاشووریەکان
پایتەختی یەکێک لە دوو شانشینەکەیانی داگیر کرد، کە ئیسرائیل بوو
خستیانە سەر ئیمپراتۆریەتەکەی خۆیان، "نەبوخوزنەسر"یش لە ساڵی
(٥٨٧)دا دەستی گرت بەسەر مەملەکەتی "یەهوزا" و پەرستگاکەیانی
کاول کرد و خەڵکەکەی برد بۆ بابل و کردنیە کۆیلە، ئەوەش بوویە
سەرەتای قۆناغێکی نوێ کە چەند سەدەیەک درێژەی کێشا و تیایدا
نەوەی ئیسرائیل تێکەڵاوی هەموو گەلانی سەر زەوی بوون و چوونە ناو
هەموو ئایینە بتپەرست و یەکتاپەرستەکانەوە و باوەڕیان بەجۆرەها

50

ڕێچکە هێنا، ئەوەی تا ئێستاش دەگەڕێنەوە و باس لە "خاکی چاوەڕوانکراو" دەکەن و دامەزراندنی مەملەکەتی ئیسرائیل و راستکردنەوەی هەیکەل و گەڕانەوە بۆ ئەوەی کە باوباپیرانیان لەسەری بوون لەسەر ئەو بناغەیەی کە خۆیان وایان خستۆتە مێشکی خۆیانەوە ئەوە بەڵێنێکی خواییە و پێیاندراوە، ئەوان دەبێت خاوەندارێتی ئەو خاکە پیرۆزە بکەن.

سێھەم: حوکمڕانی خوایی لە تێڕوانینی جوولەکە و گاورەکانەوە

١- حوکمڕانی خوایی لە تێڕوانینی جوولەکەوە:

دەتوانین گرنگترین بنەما بنەڕەتیەکانی تێڕوانینی جوولەکەکان بۆ حوکمڕانی خوایی بەم شێوەیە دیاری بکەین:

بنەمای یەکەم: خوای گەورە گەلی خۆی بژاردەکرد لە نەوەکانی ئیسرائیل، ئەوەیشی بژاردەکرد کە خۆی راستەوخۆ حوکمڕانی ئەم گەلە بکات و لەنێو نەوەکانی ئەم گەلەدا پێغەمبەر و نێردراو دیاری بکات بۆ پەیوەندیکردن بەخۆیەوە، تا ڕێنماییەکان وەربگرێت و بیگەیەنێت بە گەل، کە بریتیە لەو ڕێنماییانەی لە "سفری یەکەم"ی سەردەمی کۆندا هاتووە، بەتایبەت لە هەردوو سیفری (دەرچوون و دوانەیی)دا، بەو پێیەی ئەم سیفرانە وتەی خواوەندن راستەوخۆ بۆ گەل، خوای گەورە "دە" وەسیەتەکەی لەسەر دوو تابلۆ کە خودی خۆی و بە دەستی خۆی

نوسیویەتی و پێشکەشی پێغەمبەرەکەی کردووە کە موسایە – سەلامی خوای لەسەر – بۆ گەیاندنی بە گەلە بژاردەکراوەکەی بەمەبەستی کارپێکردن و جێبەجێکردنی، ئەم یاسایەی کە هاتووە وتە و یاسای خوایە و هیچ کەس نە لە پێغەمبەران و نە لە نێردراوانیش کە هەڵگری پەیامی خواین بۆ گەل ناتوانن و بۆیان نییە دەستکاری و گۆڕانکاری لە وتەی خوادا بکەن، یاخود شتێکی بۆ زیاد بکەن، یان کەمی بکەن، یان تەئویلی بکەن، بۆیە هیچ کەس جگە خوای گەورە، پێغەمبەر، نێردراو، حاکم ، پیاوە ئایینیەکان، بۆی نییە هیچ بەشێک لە وتەکانی خوا لە تەورات لە کارپێکردن بخات، یان شتێکی تر لەجێگەی دابنێت، یان بۆی زیاد بکات.

بنەمای دووەم: ئەم حوکمڕانیە خواییە، یاخود ئەم بژاردەیە، گەلی ئیسرائیل والێدەکات ببنە نزیکترین گەل لەلای خوای باڵادەست، بەڵکو کردوونی بە خۆشەویست و نەوەی خواو هیچ کەس لەم جیهانەدا ناتوانی ببێتە هاوشانی ئەو گەلە لە پلە و پایەدا، ئەمەش سیفەتێکی تایبەتیان دەداتێ و دەیانکاتە گەلی بژاردەکراوی خوا، خاکەکەیشیان دەکاتە خاکی پیرۆز بەو پێیەی خوای گەورە خۆی پیرۆزی کردوون، لەڕاستیدا حوکمڕانیکردن بەم جۆرە تێگەیشتنە و بەم شێوازە لەلایان ڕوون و ئاشکرابوو پێش ئەوەی هەنگاو بنێن بەرەو قۆناغەکانی دواتر کە بریتین لە قۆناغی (قازیەکان)، پاشان قۆناغی (جێنشینەکان)، دواتریش قۆناغی (پێغەمبەرە پاشاکان)، یاخود (جێنشینە پاشاکان) وەک حاڵەتەکەی سولەیمان پێغەمبەر، بۆیە دەکرێت بلێین ئەم تێگەیشتنە زۆر ڕوونترە لەو

تێگەیشتنەی کە لە مێژووی جوولەکەوە روون دەبێتەوە، هەروەها لەو
وێناکردنەی پێشتر ئاماژەمان پێکرد، لەڕاستیشدا چەمکی (حوکمڕانی
خوایی) لە سیستمی ئایینی جوولەکەدا، وەستاوە لەسەر هەڵسوکەوتی
ڕاستەوخۆی خوایی لەگەڵ گەلێکی دیاریکراو، کە ئەویش نەوەکانی
ئیسرائیلە، ئەوەبوو ئەوەی کە داوایان کردبوو لە هەر شتێک کە
ویستبێتیان و ئارەزوویان بۆ کردبێت پێیداوون، لە بەرامبەر ئەو پێدانە
سەرسورهێنەرەدا سزایەکی سەرسورهێنەریش هەیە لەکاتی سەرپێچی و
لاداندا، چونکە پەیوەندی لەگەڵ خوای باڵادەست و گەلە بژاردەکەیدا
پەیوەندییەکی پەیمانداریی ڕاستەوخۆیە، هەربۆیە تەوراتیش بەپەیمان
ناونراوە، جیاوازی نییە ئەگەر وتمان پەیمانی کۆن یاخود پەیمانی تازە،
چونکە ئەوە پەیمانە لەنێوان ئەوان و خوادا، هەروەک دەقەکان بەو
شێوەیە وێنای دەکەن، وەک ئاماژەمان پێکرد.

بە بەدواداچوونکردن بۆ ئەم پرسە دەتوانین بگوازینەوە بۆ
نیشاندەرێکی تری گرنگ، ئەویش ئەوەیە جوولەکە — پاش ئەو هەموو
قۆناغە — زۆر سووربوون لەسەر ئەوەی کە خوای باڵادەست بوارە
تەشریعیەکەیان لەسەر سووک بکات، وەک ئەو پلەبەندکردنە دوایەکانەی
لە قۆناغی (حوکمڕانی ڕاستەوخۆی خوایی) بۆ قۆناغی (حوکمڕانی
نێردراوانی جێنشین)، پاشان بۆ قۆناغی (حوکمڕانی پێغەمبەرانی پاشا)،
دوای ئەویش بۆ قۆناغی (حوکمڕانی پاشایانی ئاسایی)، بۆیە دەستیان
کرد بە هەوڵدان بۆ بەدەستهێنانی ئەو ئاسانکردنە دوای ئەوەی

بۆیاندەركەوت زۆربوونی لادانەكانیان دەرەنجامی ئەو تووندگیریە بوو كە شەریعەتی تەورات لەخۆی گرتبوو كە خوای باڵادەست پێی تاقی دەكردنەوە، بۆیە داوایان كرد لە خوای گەورە ئەركەكان لەسەریان سووك بكات و سزایان لەسەر لابدات و ئاراستەی ئەركەكانی سەرشانیان بگۆڕێت كە زیاتر لە زۆرەملـێ و پاڵەپەستۆو تووندكردن و سووربوون و كۆتوبەندكردندا خۆی دەنواند، بۆ ئەوەی گەلێك پابەند بكات كە نەدەتوانرا پابەند بكرێن بە هیچ شتێك بەبێ بەكارهێنانی ئەم رێكارانە، بۆیە داوایان كرد لە خوا لەسەریان سووك بكات.

لە سورەتی (الأعراف) یشدا پاش كرداری هەلگەڕانەوە بەكۆمەلەكە كە بووە هۆی شكستی نەوەكانی ئیسرائیل، قورئانی پیرۆز ئەوەی تۆمار كردووە: (وَاخْتَارَ مُوسَى قَوْمَهُ سَبْعِينَ رَجُلاً لِّمِيقَاتِنَا فَلَمَّا أَخَذَتْهُمُ الرَّجْفَةُ قَالَ رَبِّ لَوْ شِئْتَ أَهْلَكْتَهُم مِّن قَبْلُ وَإِيَّايَ أَتُهْلِكُنَا بِمَا فَعَلَ السُّفَهَاء مِنَّا إِنْ هِيَ إِلاَّ فِتْنَتُكَ تُضِلُّ بِهَا مَن تَشَاء وَتَهْدِي مَن تَشَاء أَنتَ وَلِيُّنَا فَاغْفِرْ لَنَا وَارْحَمْنَا وَأَنتَ خَيْرُ الْغَافِرِينَ * وَاكْتُبْ لَنَا فِي هَذِهِ الدُّنْيَا حَسَنَةً وَفِي الآخِرَةِ إِنَّا هُدْنَا إِلَيْكَ قَالَ عَذَابِي أُصِيبُ بِهِ مَنْ أَشَاء وَرَحْمَتِي وَسِعَتْ كُلَّ شَيْءٍ فَسَأَكْتُبُهَا لِلَّذِينَ يَتَّقُونَ وَيُؤْتُونَ الزَّكَاةَ وَالَّذِينَ هُم بِآيَاتِنَا يُؤْمِنُونَ * الَّذِينَ يَتَّبِعُونَ الرَّسُولَ النَّبِيَّ الأُمِّيَّ الَّذِي يَجِدُونَهُ مَكْتُوبًا عِندَهُمْ فِي التَّوْرَاةِ وَالإِنْجِيلِ يَأْمُرُهُم بِالْمَعْرُوفِ وَيَنْهَاهُمْ عَنِ الْمُنكَرِ وَيُحِلُّ لَهُمُ الطَّيِّبَاتِ وَيُحَرِّمُ عَلَيْهِمُ الْخَبَآئِثَ وَيَضَعُ عَنْهُمْ إِصْرَهُمْ وَالأَغْلاَلَ الَّتِي كَانَتْ عَلَيْهِمْ فَالَّذِينَ آمَنُواْ بِهِ وَعَزَّرُوهُ وَنَصَرُوهُ وَاتَّبَعُواْ النُّورَ الَّذِيَ أُنزِلَ مَعَهُ أُوْلَئِكَ هُمُ الْمُفْلِحُونَ)

(الاعراف: ١٥٥ ـ ١٥٧) واته: {دوای ماوهیهك، كاتێك موسا خهڵكهكهی سهرلهنوێ لـه یهكخواناسی تێگهیاندهوه، حهفتا پیـاوی لـه قهومهكهی ههڵبژارد (تا پێكهوه بچن بۆ لای كێوی طور و لهوێ بهندایهتی خۆیان لـه جیاتی ههمووان دووپات بكهنـهوه و پهشیمانی دهربـڕن) كهچی كوتـوپڕ بومهلهرزهیهك ڕوویدا و ترسێكی زۆری فڕێدایه دڵیانـهوه، موسا وتـی: پهروهردگارا، تۆ ئهگهر بتـهوێت هـهموویان بـه منیشـهوه لـهناو دهبـهیت، مهگـهر ڕهحمـهت و میهری تـۆ بـهو شێوازهیه كه بـه هـۆی تاوانبـاران و نهفامانمانهوه ئێمهش لهناو بهریت؟! وادیاره ئهمـهش تاقیكردنهوهیـهكی تری زاتی تۆیه، كه بههۆیهوه ههندێ كهس كه بتهوێت و (خۆیشیان تۆوی بێئیمانی لـه ناخیاندا هـهبێت) گومڕا و سـهرگهردان دهكهیت، هـهروهها هـهنـدێكی تـریش كـه زاتـی تـۆ بتـهوێت هیدایـهت و ڕێنمویی دهكـهیت (خۆیشیـان دڵیـان ئامـادهیی تێدایـه بـۆ پـهیرهوی فهرمانـهكانی زاتـی شكۆمهندی تۆ)، دیاره هـهر زاتی تۆ پشت و پهنای ئێمهیه، بۆیه داواكارین كه لێمان ببوریت و بهزهییت پیاماندا بێتهوه، چونكه زاتی تـۆ چاكترین و پیرۆزترین پهروهردگارێكه لـه چاوپۆشـین و لێخۆشبووندا له بهندهكانی (كاتێ ههڵـه دهكـهن و پاشـان پهشیمانی دهردهبـڕن)، خوایـه گیـان! داواكارین له زاتی خاوهن میهرتان كه له دنیادا خێـر و چاكهمان بۆ پێش بهێنن، هـهروهها له قیامهتیشدا خێـر و چاكهمان پێ ببهخشیت، لهڕاستیدا ئێتر ئێمه به تهواوهتی ڕێنمویی كراوین بۆ پهرستنی تهنها زاتی تۆ، خوای گهورهش له وهڵامیاندا فهرمووی: من سزا و تۆڵهی خۆم بهسـهر كهسـێكدا دهدهم كه خۆم دهمهوێت و (ئهویش شایستهیه)، بهڵام ڕهحمهت و سۆز و

میهرەبانیم هەموو شتێکی گرتۆتەوە، تۆماریشی دەکەم بۆ ئەو کەسانەی
کە تەقوادار و دیندارن و خۆیان دەپارێزن لەو شتانەی کە مـن قەدەغـەم
کردووە، ئەوانەی کە زەکاتی مـاڵ و سامان و هەرچی شتێک کە هەیانە
دەیبەخشن، بە هەموو بوارێکی خێـر و چاکە، ئەوانەی کە باوەڕیان بـە
هەموو ئایەت و فەرمانەکانی ئێمە هەیە، هەروەها ئەوانەی کە لە ئایندەدا
باوەڕ دەکەن بە پێغەمبەر و فرستادەی نەخوێندەوارمان (محمـد (د.خ))،
جوولەکە و مەسیحیەکانیش ناونیشانەکانی دەبینن کە تۆمـار کـراوە لـە
تـەورات و ئینجیلـدا (لەگـەڵ دەستکاریکردنیشیدا) کـە هەنـدێ سیفاتی
ئەوەیە: فەرمانیان پێدەدات بە چاکە و چاکەکاری، هەرچی شتێکی چاك
و پاك و بەسوودە بۆیان حەڵاڵ دەکات، هەرچی شتێکی پیس و خراپ و
ناپوخته لێیان حەرام دەکات، ئەرکە قوورس و سەنگینەکان لەسەرشانیان
لادەبات، ئەو کۆت و زنجیرانەش کە لـە گەردنیانـدا بـوو (بـەهۆی لادان و
یاخیی بوون و گوناهەکانیانەوە)، وەکو خۆکوشتن بۆ ئەوەی تەوبەیان گیرا
بێت) لای دەبات، جا ئەوانـەی باوەڕی پـیﹾ دەکـەن و پشتیوانی ئـاین و
بەرنامەکەی دەکەن و شوێنی ئەو نوورە دەکەون (کە قورئانـه) و بۆ ئـەو
نازلﹾ کراوە، هەر هەموو ئەوانە سەرفراز و ڕزگار و سەرکەوتوون لە هەردوو
جیهاندا}، ئەم ئایەته پیرۆزانه و ئایەتەکانی کە بە (قل یا ایها النـاس انـي
رسـول الله..) کۆتاییـان پـیﹾ هـاتووه بۆمـان ڕوون دەکەنـەوە کـە ئـاواتی
مووسا –سـەلامی خـوای لەسـەر– و گەلەکەی چـۆن بـووە، بۆ ئـەوەی
شەریعەتیان لەسـەر سووك بکرێت تا بەرگەی بگرن و کاری پێبکـەن و
جێبـەجێی بکـەن، بـەڵام دانـایی خـوا وای بـە پێویسـت گێـرا کـە ئـەو

سووككردنه بكاته تایبه‌تمه‌ندی كۆتا شه‌ریعه‌ت و كۆتا په‌یامی جیهانی، نه‌ك تایبه‌تی بكات بۆ ئه‌و گه‌له‌ی كه به به‌رده‌وامی له هه‌لگه‌راندنه‌وه و دوركه‌وتنه‌وه و لاداندا بوون و هه‌موو پابه‌ندبوونێك به‌و شه‌ریعه‌ته‌ی كه بۆیان هاتووه ره‌ت كردۆته‌وه، له‌كاتێكدا ئه‌و شه‌ریعه‌ته بووته هۆكاری یه‌ك بوون و یه‌كخستنیان له په‌رته‌وازه‌یی و ده‌رهێنانیان له سه‌رشۆڕی په‌رستنی جگه خوا، به‌لام ئه‌و گه‌له هه‌موو ئه‌و نیعمه‌تانه‌ی كه خوا رشتبووی به‌سه‌ریاندا نه‌یانبینی و ره‌چاوی مافی خوایان نه‌كرد له‌سه‌ر هه‌موو ئه‌و نیعمه‌تانه.

له‌وه‌ی كه راسبورد هه‌ندێك له جێگه‌وته‌كانی چه‌مكی (حوكمڕانی خوایی)مان له عه‌قلّی جوولهكه‌دا بۆ ده‌رده‌كه‌وێت، كه ئه‌و چه‌مكه و تارماییه‌كه‌ی ره‌نگدانه‌وه‌ی هه‌بووه له‌سه‌ر هه‌موو لایه‌نه‌كانی ژیانیان، كاریگه‌ری هه‌بووه له‌سه‌ر تێڕوانینی گشتی و بینینیان بۆ مرۆڤایه‌تی، بۆ شه‌ریعه‌ت، بۆ گه‌ردوون، بۆ ژیان، بۆ یه‌كتاپه‌رستی، بۆ خوایه‌تی و بۆ سیستمی گشتی، هه‌موو ئه‌م شتانه له‌ژێر كاریگه‌ری جۆری تێگه‌یشتنیان بووه بۆ (حوكمڕانی خوایی).

٢- حوكمڕانی خوایی لای نه‌سرانییه‌كان:

لەپاش ئەو جێکەوتەیەی کە لەدەرەنجامی کاریگەری دانان لەسەر عەقڵی جولەکە لە هەموو ئەو تۆڕە چەمکانەی کە خستبوونیە حاڵەتێکی پشێوی، پشێوی لە پەیوندی بەخواوە، پشێوی لە پەیوەندی بە گەردوونەوە، پشێوی لە پەیوەندی بە خۆوە، پشێوی لە پەیوەندی بە پێغەمبەرەکانیان، پشێوی لە پەیوەندی بە دراوسێکانیان پێویستیەکی زۆر هەبوو بۆ هاتنی پێغەمبەر و پەیامێکی تر تا هەستێت بە کاری راستکردنەوە و ڕێککردنەوەی ئەو کاریگەرییانە، بۆیە خوای گەورە عیسا پێغەمبەری نارد تا ڕێنماییان بکات هەروەک دەڵێن هیدایەتی (مەڕی ونبوو لە نەوەکانی ئیسرائیل) بدات، بۆ ئەوەی ئەو راستیەی کە لەنێو دەستیدایە بسەلمێنێت تا هەستێت بە کاری گەڕاندنەوە و پاککردنەوە و ڕێککردنەوە و جیاکاری لەنێوان چاک و خراپدا، عیسای کوڕی مەریەمیش — سەلامی خوایان لەسەر— نێردرا بۆ ناو نەوەکانی ئیسرائیل تا راستێتی ئەو تەوراتەی کە لەبەردەستیدایە بسەلمێنێت و هەندیؒ لەو شتانەی کە حەرام کرابوو لەسەریان بۆیان حەڵاڵ بکات، مزگێنیش بداتە هەموو خەڵک بەو مژده جیهانیە گشتگیرە کە هاتنی کۆتا پێغەمبەرە بە شەریعەتێکی ئاسانکراوو پڕ لەسۆز، ئەوە عیسا پێغەمبەرە —سڵاوی خوای لەسەر— دانی نا بەوەی کە لە تەوراتدا هاتووە، دەفەرمووؒ: (وا بیرنەکەنەوە من هاتبم تا تەورات یان پێغەمبەران پووچەڵکەمەوە، نەهاتووم بۆ پووچەڵکردنەوە، بەڵکو بۆ تەواوکردن، راستتان پێدەڵێم: تا زەوی و ئاسمان لەئارادا بێت، پیتێک یان خاڵێک لە تەورات لەناو ناچێت، تاکو هەمووی دێتە دی) ئینجیلی مەتا / ٥.

58

به‌لاّم ئه‌م جه‌ختکردنه‌وه‌یه‌ی که‌ له‌لایه‌ن گه‌وره‌مان مه‌سیحه‌وه‌ ده‌رباره‌ی ئه‌وه‌ی که‌ ئه‌و ته‌نها بۆ ئه‌وه‌ هاتووه‌ سه‌رله‌نوێ وشه‌کان ده‌رباره‌ی ته‌ورات یه‌کبخاته‌وه‌ و فێریان بکات چۆن به‌راستی و به‌ دروستی جێبه‌جێی ده‌که‌ن، له‌ ئینجیله‌کاندا راستکردنه‌وه‌ی زۆر ده‌رباره‌ی هاتووه‌، بۆ نموونه‌: ئینجیلی مه‌تا (٤/٤)، هه‌روه‌ها ئه‌وه‌ی هاتووه‌ تیایدا له‌ (٤٧/٢٢ تا ٤٠)، هه‌روه‌ها له‌ ئینجیلی لۆقایشدا هه‌ندێ له‌و باره‌یه‌وه‌ هاتووه‌ (١٧/١٦)، که‌ ئه‌مه‌ش ئاماژه‌یه‌کی روونه‌ بۆ ئه‌وه‌ی گه‌وره‌مان مه‌سیح هه‌ولّیداوه‌ ده‌سه‌لاّتی ته‌ورات بکات و بانگه‌وازی کردووه‌ بۆ پابه‌ندبوون به‌وه‌ی که‌ ته‌ورات هێناویه‌تی و خه‌لکی فێری چۆنیه‌تی جێبه‌جێکردنی کردووه‌ به‌ شێوه‌یه‌کی راستگۆیانه‌ به‌بێ گوێدانه‌ ئه‌و بارودۆخه‌ی که‌ له‌وانه‌یه‌ ببێته‌ رێگر له‌نێوان ئه‌و و له‌نێوان جێبه‌جێکردنی زۆرێک له‌ رێنماییه‌کانیدا، له‌ هه‌مانکاتیشدا جه‌ختکردنه‌وه‌یه‌ له‌وه‌ی که‌ خراپ تێگه‌یشتوون له‌ ده‌قه‌کانی ته‌ورات و رۆح و ناوه‌رۆکی ته‌وراتیان پشتگوێخستووه‌، یان له‌بیری خۆیان بردۆته‌وه‌ و ته‌نها ده‌ستیان به‌ ده‌قه‌کانی ته‌وراته‌وه‌ گرتووه‌، بۆیه‌ هه‌ولّ ده‌دات تێگه‌یشتن له‌ ته‌ورات به‌ رۆح و ده‌قه‌وه‌ بگێرێته‌وه‌ بۆ عه‌قلّ و هزریان، نه‌ک ته‌نها به‌ ده‌ق، له‌به‌رئه‌وه‌ کاتێ شتێکیان ئه‌وروژاند یان هه‌ندێ کاروباریان له‌گه‌لّ تاوتوێ ئه‌کرد، ماناکه‌ی له‌م جۆره‌ تێگه‌یشتنه‌وه‌ نزیک بوو، زۆرجار هه‌ولّی ئه‌ودا نموونه‌یان بۆ بهێنێته‌وه‌، بۆچوونیان به‌ره‌و رۆح و ناوه‌رۆکی کاره‌که‌ بجولێنێت، ئه‌وه‌تا له‌ ئینجیلی مه‌تاو لۆقادا ده‌لێت: (بیستوتانه‌ وتراوه‌ چاو له‌بری چاوه‌ و ددان له‌بری ددانه‌، به‌لاّم من پێتان ده‌لێم: رووبه‌رووی

هەڵە مەبنەوە، بەڵکو ئەگەر یەکێک زللەیەکی دا لە لای راستت لاکەی
تریشتی بدەرێ) (١).

ئەم وتەیە و وتەکانی تریش ئەوەی لێوە تێدەگەین کە عیسا ــ
سەلامی خوای لەسەر ــ دەیەوێت گەلەکەی دورخاتەوه لە گیانی
تۆڵەسەندنەوه ــ لەگەڵ ئەوەشدا لە شەریعەت و لە تەوراتیشدا هاتووه ــ
بەڵام کارەکە بەو جۆره نییه، بەڵکو هەوڵدانێکه بۆ چارەسەرکردنی
دۆخەکە، وەك ئەوەی پێیان بلێت: (خۆتان شەتەک مەدەن به دەقەوه،
بەڵکو هەوڵ بدەن لە رۆحی تەورات حاڵی ببن، بەو شێوەیەی وەك ئێستا
بەپارچه پارچەیی لێی تێمەگەن، بەڵکو هەوڵبدەن بە شێوه تەواو و
گشتیەکەی لێی تێبگەن لەگەڵ تێبینیکردنی ئامانجەکانی، هەروەها
هەوڵیدا لێرەدا جیاوازی بکات لەنێوان سیستمی گشتی و هەژموونی
شەریعەت (کە ئەم دوانه پێویسته لەسەر هەموومان پابەند بین پێیانەوه
و رێزیان لێ بگرین) و مافی تاکەکان و پرسه تایبەتەکانیان کە پێویسته
گیانی برایەتی و لێبوردەیی باڵبکێشێت بەسەریدا، ئەگەر تێبینی ئەمه
بکرێت و لەگەڵیشیدا تێبینی ئەو بارودۆخه بکەین کە عیسا پێغەمبەری
تێدا هات و هەژموونی رۆما و یاساکانی لەو قۆناغەدا و پەرتەوازەبوونی
نەوەکانی ئیسرائیل و کارپێنەکردنی شەریعەتی تەورات لە هەموو ئەو
شوێنانەی کە تێیدا دەژیان، ئەمانه هەموو ئاماژەیەکی روونن و
یارمەتیمان دەدەن تێبگەین لە زۆرێك لەو دەستەواژانەی وا لێیان

____

١ ئینجیلی مەتا (٣٩/٥)، ئینجیلی لوقا (٢٩/٦).

تێگەیشتبووین کە هیچی نەهێناوە لەگەڵ خۆی پەیوەندی بە شەریعەتەوە هەبێت، بەڵکو تەنها پەیوەندی بە پرسی بیروباوەڕ و راستکردنەوەی ڕەوشت و بنیاتنانەوەی ڕەوشتەوە هەبووە ئەگەر دەستەواژەکە راست بێت.

لێرەدا دەبێت تێبینی هەندێک شتی گرنگ بکەین، لەوانە ـ عیسا ـ سەلامی خوای لێبێت ـ جەختی دەکردەوە لە بااڵدەستی تەورات و لەسەر نادروستی ڕاگرتنی هیچ کام لە حوکمەکانی تەورات، نادروستی گۆڕین و دەستکاریکردنی ڕێنماییەکانی، بەاڵم ـ لەهەمانکاتدا ـ هەوڵی دەدا بە شێوەیەك لە شێوەکان بەرچاوڕوونییەك پێشکەش بکات بۆ جێبەجێکردنی بەشێوەیەکی دروست، هەروەها هەوڵی دەدا ڕێگاکان دابخات لەبەردەم هەموو ئەو ڕووهبان و ئەحبارانەی جوولەکەدا کە دەستیان تێکەڵ کردبوو لەگەڵ کاربەدەستانی ڕۆم و دانیان نابوو بە دەسەاڵتەکەیاندا، دەیانویست شەریعەت دەستەمۆ بکەن لە ڕێگای دەستکاریکردنی دەقەکانی تەورات و تەئویلکردنی بەشێوەیەك لەگەڵ خواستەکانی ئەواندا بگونجێت، لەڕاستیدا گەورەمان عیسا (سەلامی خوای لەسەر) کۆششی کرد تا دەرگایەك بکاتەوە بۆ تێگەیشتنێکی دروست لە دەقەکانی تەورات، بەاڵم جوولەکەکان کاتێك چوون بۆ لای دەسەاڵتداری ڕۆم، چەند تۆمەتێکیان دایە پاڵی، لەوانە: (تۆمەتی ئەوەی کە هانی خەڵکی داوە بۆ دژایەتیکردنی دەسەاڵت و یاخیبوون و نەدانی باج بە قەیسەر و دەربارەی خۆیشی دەڵێت من "پاشا مەسیح"م، بۆیە کاتێك (بیلاتس) پرسیاری لێکرد: تۆ

61

پاشای جوولەکەیت؟ لە وەڵامیدا وتی: تۆ وا دەڵێیت). ئینجیلی مەتا بەشی ٢٧، گێڕانەوەکەی لۆقا جیاوازە لە گێڕانەوەی ئەمەی پێشوو، ئەو دەڵێت: (دەسەڵاتدارە ڕۆمیەکە دوای ئەوە ڕاستەوخۆ بە جوولەکەکانی وت: من هیچ شتێک لە تاوان لەم پیاوەدا شك نابەم، بەڵام جوولەکەکان دووپاتیانکردەوە و وتیان: گەل دەوروژێنێت، لە هەموو یەهودیا خەڵك فێر دەکات، دەسپێك لە جەلیلەوە تاكو ئێرە)، [1] (ئینجیلی لوقا بەشی ٢٣). لەبەر ئەوە بیلاتس — کە باوەڕی بە تاوانباری مەسیح نەبوو— ڕێکارێکی تری دۆزیەوە، بۆیە ناردی بۆ لای دەسەڵاتداری شاری جەلیل لەبری ئەوەی خۆی بکەوێتە نێو ئەو کارەوە، بۆ ئەوەی ئەو کاروباری دادگاییکردنەکەی لەئەستۆ بگرێت، ئەو گفتوگۆیەش کە ڕوویدا لەنێوان

---

¹ ئینجیلی لۆقا بەشی ٢٣. لە ١– ئینجا هەموو کۆمەڵەکەیان هەڵساند و بردیاننە لای بیلاتۆس. ٢– دەستیان کرد بە سکاڵاکردن لێی، دەیانووت: بینیمان ئەمە گەلەکەمان چەواشە دەکات و بەربەرەکانێی سەرانەدان دەکات بۆ قەیسەرو خۆی بە مەسیح ناودەبات. ٣– پاشا بیلاتۆس لێی پرسی: تۆ پاشای جوولەکەی؟ وەڵامی دایەوە: تۆ دەڵێیت. ٤– بیلاتۆسیش بە کاهینانی باڵاو خەڵکەکەی وت: هیچ تاوانێك لەم پیاوە نابینم. ٥– بەڵام مکورپبوون و وتیان: گەل دەوروژێنێت، لەهەموو یەهودیا خەڵك فێردەکات، دەسپێك لە جەلیلەوە تاكو ئێرە. ٦– کاتێ بیلاتۆس ئەمەی بیست، پرسیاری کرد ئاخۆ پیاوەکە جەلیلیە. ٧– کە زانی عیسا سەر بە دەسەڵاتی هیرۆدسە، بۆ هیرۆدسی نارد، کە لەو ڕۆژانەدا ئەویش لە ئۆرشەلیم بوو. ٨– کاتێ هیرۆدس عیسای بینی، زۆر دڵخۆش بوو، چونکە دەمێک بوو چاوەڕوانی بینینی بوو، چونکە لەمەڕ ئەوی بیستبوو و بە ئومێد بوو بیبینێت، نیشانەیەک بەهۆی ئەو بێت. ٩– جۆرەها پرسیاری لێکرد، بەڵام هیچ وەڵامی نەدایەوە. ١٠– کاهینانی باڵا و ماملەکانیش ڕاوەستان و بەتوندی سکاڵایان لێکرد. ١١– هیرۆدس و سەربازانی سووکایەتی و گاڵتەیان پێ دەکرد، جلێکی بریسکەداریان لەبەری کرد و ناردیانەوە بۆ بیلاتۆس.

62

حاکمی ڕۆمی و گەورەمان مەسیح ئەوەی لێوە تێبینی ناکرێت لە بواری (دەسەڵات)، یاخود دەربارەی پرسی (حاکمیەت) بێت لەڕوانگەی وەڵامەکەیەوە کاتێک دەسەڵاتدارە ڕۆمیەکەی پێی وت: نابینی مـن دەسەڵاتی ئەوەم هەیە بەرەڵات بکەم یان هەڵتواسم؟ وەڵامی دایەوە و فـەرمووی: (تـۆ بـەهیچ شێوەیەك دەسەڵاتت بەسەر منـدا نییـه مەگـەر لەسـەرەوه پێتدرابێت) [1]، ئـەم قسـەی مەسیحیان وا لێکداوەتـەوە کـه جەختکردنەوەیه لە بنەماکانی تەورات، یان پەیمانی کۆن، ئەویش ئەوەیه کە "حوکم" تەنها بۆ خوای باڵادەستە و دەیسپێرێت به هەرکەسێك کـە خۆی بیەوێت، یاخود هەر کەسێك کەبیەوێت دەیکاتە جێنشینی خۆی، بولس قدیسیش له دوتوێی ئەو نامەیەیدا که ناردویەتی بۆ خەڵکی ڕۆما جەختی لەمـه کردۆتـەوه (١٣/١)، دەڵێت: بـا هـەموو کەسـێك لـەئێوه ملکەچی فـەرمانڕەوا دەسـەڵاتدارەکان بێت، چونکه دەسـەڵات نییـه لـه خواوه نەبێت، جا ئەوەی هەیه لەلایەن خواوەیه، ئیتر ئەوەی بەرهەڵستی دەسەڵات دەکات، بەرهەڵستی دانراوی خوا دەکات، بەرهەڵستکارانیش خۆیان حوکم بەسەر خۆیاندا دەدەن. (بەشی ١٣).

دەکرێت بتوانین ئەمەنده بڵێین دەربارەی چەمکی (دەسـەڵاتدارێتی خـوایی) ئەوەنـدەی کـه پەیوەنـدی هـەبێت بـه گاورەکـان و مەسـیحی پایەبەرز، لەڕاستیدا ئەو جەختی دەکردەوه لەوەی له تەوراتدا دەربارەی ئـەم چـەمکه هـاتووه، ئەمـەش هـەوڵێك بـووه بـۆ بەهێزکردنی پێگـه و

<hr>

[1] سەیری ئەو وتوویژه بکه له ئینجیلی یوحەننا: بەشی ١٩.

دەسەڵاتی تەورات و شەریعەتی خوایی بەرامبەر دەسەڵاتی ڕۆمەکان، لە
سایەی ئەو یاسایانەی کە خۆیان دایاننابوو بۆ خۆیان، بواریان نەدەدا بە
هیچ شتێکی تر — نە بە شەریعەتی تەورات و نە بە شەریعەتێکی تر—
سەردەربێنێت، یاخود کاری پێبکرێت، یاخود بەرپەرچی ئەو یاسا
دەستکرده ڕۆمانیانە بداتەوە، پاشانیش عیسا —سەلامی خوای لەسەر—
هـەوڵی دەدا ڕۆڵ بگێڕێتـەوە بـۆ شـەریعەت و بنـەماکانی و ڕێسـاو
مەبەستەکانی، بـەڵام لـە سایەی ڕووبەڕووبوونـەوە و فشاری لایـەنی
ڕۆمەکان، نەوەك لە سایەی کەشێکی ئازاددا ڕێگای پێ بدرێت بە مـەیلی
خۆی هەڵسوکەت و جموجولْ بکات پڕاوپڕی ویستی خۆی، بە بەلگەی
ئەوەی —هـەروەك ئاماژەمان پێکرد— تۆمەتباریان کرد و پاشان دادگاییان
کـرد، زۆریشـی نـەمابوو لـە خاچـی بـدەن ئەگـەر خـوای باڵادەست
نەیپاراستایە، بۆیە پێویستە تێبینی هـەموو ئەو لایەنانـە بکـەین کـە
گەورەمان مەسیح پێی هەڵساوە و هەموو ئەو ڕێسا و بنەمایانە لێك جیا
بکەینەوە کە ئەو چەمکەی لەسـەر ڕاگیراوە و ڕوونی بکەینـەوە و دەری
بخەین. لەوانەیە سوودمەند بێت ئەگـەر کۆتایی قسەکانمان دەربارەی
(دەسەڵاتدارێتی خوایی) لەلای نـەوەکانی ئیسرائیل بهێنێت بە هەندێك
دەق کـە (ئـیبن مـەیمون) لـە تەوراتـەوە نـەقڵی کردوە و ڕاڤـەی کردوە،
لەوانەیە تێڕوانینمان بۆ ئەم باسە ڕوونتر بکاتەوە:

ئـیبن مـەیمون دەڵێت: هـەروەها لەمبارەیـەوە ڕێسایەکی دانـا کـە
تائێستاش بـەردەوام ڕوونـی دەکەمـەوە، ئـەویش ئەوەیـە کـە هـەموو

پێغەمبەران جگە گەورەمان مووسا (سڵاوی خوای لەسەر) سرووشیان
لەسەر دەستی یەکێك لە فریشتەکاندا بۆ دەهات و فێریان دەکردن، بەڵام
مووسا (سڵاوی خوای لەسەر) پێغەمبەرایەتیەکەی جیاوازبوو لەوانی پێش
خۆی، ئەم خوای گەورە خۆی نیشانی دەدا هەروەك چۆن خۆی نیشانی
"ئیبراهیم" دا و ناوی خۆی بۆ ئاشکرا نەکرد، بەڵام بۆ مووسای ئاشکرا
کرد، راوەستانیش لە کێوی سینا بۆ هەموو ئەوانە نەبوو کە پەیوەست
بوون بە مووسا (سڵاوی خوای لەسەر)، ئەو لەبری هەموو نەوەکانی
ئیسرائیل بوو کە پەیوەست بوون پێوەی، بەڵکو رووی گوتاری تەنها لە
مووسا بوو، لەبەرئەوە ئەو گوتارەی کە دەربارەی ئەو (١٠) فەرمانەی کە
دابەزی هەمووی بەتەنها روی لە ئەو بوو، ئەو دەهاتە خوارووی کێوەکە و
ئەوەی کە دەیبیست لە دەقەکانی تەورات پێی رادەگەیاندن: (من لەو
کاتەدا رادەوەستام لەنێوان خوا و ئێوەدا تا وتەکانی خواتان پێ
رابگەیەنم)، هەروەها دەفەرموێت: (مووسا قسان دەکات، خوایش بە
دەنگ وەڵامی دەداتەوە تا خەلك گوێبیستی ئاخاوتنی من بن لەگەڵ
تۆ)‏[1]، هەروەك (ئیبن میمون) دەڵێت ئەمە بەلگەیە لەسەر ئەوەی
قسەکانی ئاراستەی ئەو بووە و ئەوان تەنها گوێبیستی دەنگەکە دەبوون
نەك درێژەی قسەکان.

(ئیبن مەیمون) لێرەدا دەیەوێت پەیوەندی نێوان خوا و گەلەکەی کە
ئیسرائیلە و ئەو خاکە پیرۆزەی کە تێیدا نیشتەجیّ بووبوون دەربخات، لە

____

[1] ئیبنو مەیمون، مووسا. کتێبی "دلالة الحائرین" ل ٣٩١ و لاپەرەکانی دواتریش.

تێڕوانینی ئەو و تێڕوانینی زانایانی نەوەی ئیسرائیل نەوەی ئەو شوێنە بریتیە لە
(مەملەکەتی خوا)، ئەمەش بەمانای ئەوەی: زەوی، گەل، دەسەڵات خوای
باڵادەستە، پێغەمبەرانیش لە سەردەمی مووسادا گەیەنەری پەیامن:
کەواتە (حوکمڕانی ڕەها بۆ خوای باڵادەستە)، هەرچی پێغەمبەرانیشە
تەنها ڕاگەیەنەرن وەک ئەوەی دەنگی خواوەندی دروستکار دەگەیەننە
گوێی خەڵك لە هەر بڕیارێکدا، ئەمە ئەوەندەی پەیوەست بێت بە
سەردەمی مووسا، بەڵام داوود — سەلامی خوای لەسەر— پێغەمبەرێکی
جێنشـین بـوو، سولەیمانیش —سـەلامی خـوای لەسـەر — ئەویش
جێنشینێکی خاوەن مەملەکەت و پەیام بوو، قورئانی پیرۆزیش ئاماژەی
بەمە کردووە و دەفەرموێ: (يَا دَاوُودُ إِنَّا جَعَلْنَاكَ خَلِيفَةً فِي الْأَرْضِ فَاحْكُم
بَيْنَ النَّاسِ بِالْحَقِّ وَلَا تَتَّبِعِ الْهَوَى فَيُضِلَّكَ عَن سَبِيلِ اللَّهِ إِنَّ الَّذِينَ يَضِلُّونَ
عَن سَبِيلِ اللَّهِ لَهُمْ عَذَابٌ شَدِيدٌ بِمَا نَسُوا يَوْمَ الْحِسَابِ) (ص: ٢٦) واتـە:
{ئـەی داود: ئێمـە تۆمـان کردووە بە جێنشـین لـەو وڵاتـەدا، هەمیشە
هەوڵبدە فەرمانڕەوایی لە نێو خەڵکیدا لەسەر بنچینەی حـەق و ڕاستی و
دادپەروەری ئەنجام بدە، هەرگیز نەکەیت شوێنی ئارەزوو بکەویت..}،
کە بریتیە لەو حوکمڕانیەی کە دامەزرابێت لەسەر دەسەڵاتی جێنشینی بۆ
خوا، بەڵام پێغەمبـەر جێنشـینە، بەشـێوەیەک ئەگەر هەڵـەی کرد لە
حوکمەکەیدا یاخود لەگـەڵ ڕاستیدا یەکی نەدەگرتـەوە خێـرا ڕاست
دەکرایەوە، بۆ ئەم مەبەستە چیرۆکی (تَسَوَّرُ المحراب) و هاتنی هەردوو
سکاڵاکارەکە بۆ لای داوود —سەلامی خوای لەسەر— هەروەک قورئانی
پیرۆز باسی کردووە و تەوراتیش ئاماژەی پێداوە بەئاگاهێنەرەوەن بۆ

ئەمە، بەھەمانشێوە فەرمایشتی خوای گەورە: (فَفَهَّمْنَاهَا سُلَيْمَانَ) (الأنبیاء: ٧٩) واته: {ئێمە سولەیمانمان چاکتر تێگەیاند و قوڵتر بیری کردەوە..} وەک ئەوەی خوای دروستکار بیەوێت پێغەمبەرە جێنشینەکانی بەرەو ئەوە راستەوخۆ ئاڕاستە بکات، پاشان دوای ئەمە داوای مولکیان کرد، ئەوانیش هاوشێوەی پێغەمبەرە جێنشینەکان مولکیان هەبێت، دیسان داوای مولکیان کردو تا ئەمانیش وەک خەڵک مولکیان هەبێت، هەروەک لەسەرەتاوە (قَالُواْ يَا مُوسَى اجْعَل لَّنَا إِلَهًا كَمَا لَهُمْ آلِهَةٌ قَالَ إِنَّكُمْ قَوْمٌ تَجْهَلُونَ) (الأعراف: ١٣٨) واته: {..وتیان: ئەی مووسا خوایەکیش بۆ ئێمە ساز و دیاری بکە هەروەکوو ئەوان..}، کاتێک کە بتەکانیان بینی، لەمەشدا ئاماژە و بەڵگەیە لەسەر ئەندازەی خۆشویستنی گەلی جوولەکە بۆ لاساییکردنەوە و کاریگەری لەسەریان و تەواوی ئامادەییان بۆ لاساییکردنەوەی گەلانی تر، بۆیە داواکارییان بۆ خاوەندارێتی یەکێکە لە ئارەزووەکانیان بۆ لاساییکردنەوە بەبێ گوێدانە جیاکاری لەنێوان دروست و نادروستدا.

راستی کارەکە ئەوەیە خوای باڵادەست گەلی جوولەکەی هەڵبژارد تا حوکمرانی خوایی بەوان ئەنجام بدات، بەهۆی ئەوەی ئەم گەلە ستەم و چەوساندنەوەیەکی نۆڕیان بینی (إِنَّ فِرْعَوْنَ عَلَا فِي الْأَرْضِ وَجَعَلَ أَهْلَهَا شِيَعًا يَسْتَضْعِفُ طَائِفَةً مِّنْهُمْ يُذَبِّحُ أَبْنَاءهُمْ وَيَسْتَحْيِي نِسَاءهُمْ إِنَّهُ كَانَ مِنَ الْمُفْسِدِينَ) (القصص/٤) واته: {لەڕاستیدا فیرعەون خۆی بڵند کردەوە لەسەر زەمینی مەملەکەتی میسردا، خەڵکەکەشی دەستەدەستە و

پارچەپارچە کرد، دەستەیەکی هەر زۆر دەچەوساندەوە و دژایەتی دەکردن فەرمانی سەربڕینی هەموو مندالێکی ساوای نێرینەیانی دەرکرد، کچانیشی دەهێشتەوە بە ڕاستی ئەو ستەمکارە لەو کەسانە بوو کە تۆوی فەسادیان دەچاند}، ئەوەبوو خەڵکانێک حوکمی کردن لە مرۆڤایەتی دارنرابوون وەک فیرعەون و هامان و قاروون، یەکەمیان پێی وتن: (وَقَالَ فِرْعَوْنُ يَا أَيُّهَا الْمَلَأُ مَا عَلِمْتُ لَكُم مِّنْ إِلَـهٍ غَيْرِي) (القصص: ٣٨) واتە: {فیرعەون وتی: خەڵکینە من وانازانم کە خوایەکی ترتان هەبێت جگە لە من}، هەروەها پێی وتن: (فَقَالَ أَنَا رَبُّكُمُ الْأَعْلَى) (النازعات: ٢٤) واتە: {خەڵکینە !! مـن پەروەردگاری هەرە بەرز و بلّند و پایەداری ئێوەم !!.}، ئەم ستەمکارانە بەردەوام بۆ ماوەی چەندین ساڵ حوکمی ئەم گەلەیان کرد تا وایان لێهاتبوو هەستی مرۆڤ بوونیان لەدەستدابوو، وایاننەدەزانی کە دەتوانن بەرەوپووی ئەم ستەمکارانە و سەربازەکانیان ببنەوە.

کاتێ خوای باڵادەست ویستی منەتی خۆی بڕژێ بەسەریاندا و لەو لاوازیــە رزگاریـان بکـات و بیانکاتــە گــەلێکی شکۆمەند و میراتگــر.. پێشــەوایەتی و ســەرکردایەتیان پێببەخشــێت تـا فیرعـەون و دەستوپێوەندەکەی و هامان و قاروون لەسـەر دەسـتی ئەماندا والێبکات هەستبکەن بە ئەندازەی بێ نرخی خۆیان و سووکی ئەوان لەلای خوا، ئـەوەبوو مووسـای وەک پێغەمبەرێکی پەیامـدار و وەک سـەرکردەیەکی نەتەوەیی رزگاریکاری بۆ ناردن، تا لە پەرستنی بەندە دەریانبهێنێت بۆ

پەرستنی خوا، بۆیە خوا ئەو منەتەیشی بەسەردا کردن کە خۆی بوویە دەسەڵاتداریان لەبری ئەوان، چونکە ئەو ماوەیە ماوەیەکی راگوزەریە لە دەسەڵاتدارێتی کەسێکی بەندە بۆ دەسەڵاتدارێتی خواوەندی تاک، بۆیە پێویستی بە جۆرێک لە پاککردنەوەی نەفس و هزر و دەرمانکردن و چارەسەرە نەفسیەکان هەیە بەشێوەیەك تا ئەو هەستی مرۆڤبوونە زەوتکراوە بگەرێتەوە بۆ ئەو مرۆڤانە و سەرلەنوێ رێزی خۆیان پێ ببەخشرێتەوە، ئێستا ئەو بەندانەی فیرعەون و هامان و سەربازەکانی ئەوانەی کە کاریان تەنها ئەوە بوو داواکاری فیرعەونەکان جێبەجێ بکەن ئێستا وایان لێهاتووه   ـ بەپشتیوانی خوا   ـ ببنە بەربەست بەرامبەر ئەوانەی کە پێشتر دەیانچەوساندنەوە و ستەمیان لێ دەکردن، ئێستا ئاسۆی ژیانێکی پاشایانە چاوەرێ دەکەن پاش ئەو ژیانە ملکەچیە، ئەمە لەوانەیە وایان لێبکات بتوانن هەست بە گەورەیی یەکتاپەرستی بکەن ـ ئەگەر خاوەنی کەسایەتیەکی هاوسەنگ بن ـ، هەروەها هەست بەو جیاوازیە بکەن کە لەنێوان پەرستنی خواو پەرستنی فیرعەونەکاندا هەیە، ئەمەش لەوانەیە وایان لێبکات زیاتر دەستبگرن بە یەکتاپەرستیەوە و پابەندبن بە پەرستشەکانەوە و راوەستاوترین لەسەر دینداری و زیاتر گەورەیی ئەوەی کە پێغەمبەرەکانیان بۆی هێناون بزانن، بەڵام ئەزموونەکەیان لە کۆتاییدا سەریکێشا بەرەو دۆڕان، بەمەش وەك ئەوەی بیسەلمێنن ئەگەر کەسێك بەندەیەکی وەك خۆی ستەمی لێ بکات ئەستەمە ئەگەری چاکبوونی لێ بکرێت، لەگەڵ بوونی ئەو نۆ موعجیزەیەی کە درابوویە مووسا و ئەو پێشکەشکردنە لەڕادەبەدەرەی کە پێیان

بەخشرا لەلایەن خوای گەورەوە لە: سەرخستنیان و بارینی گەزۆو شەونم
بۆیان و هەڵقولاندنی ئاو بەجۆرێک زۆر زیاتر بوو لە پێویستیەکانیان،
هەموو ئەمانە نەبوویە هۆی پاککردنەوەی یەکجارەکی لە چەپەڵی
بەندایەتیکردن بۆ مرۆڤ، وەك ئەوەی بەردەوام ئارەزوویان بۆی هەبێت،
گەزۆ و شەونم ئەو دوو خۆراکە پڕ چێژو خواردەمەنیە تەواوەی کە هیچ
ئەرکێکیان پێوە نەدەکێشا نەرمی نەکردن، داوای ئەو خۆراکە کەم
بەهایانەیان لە مووسا دەکرد کە ئالوودەی بووبوون، تامەزرۆی ئەو
خۆراکەیان دەکرد کە لە میسر دەیانخوارد (پاقلە و سیر و پیاز و نیسك)،
مووسا هیچی بۆ نەمایەوە ئەوەنەبیٰ پێیان بلێٰ: (بچنە میصر ئەوەی
داواتان کرد لەویٰ هەیە)، هەروەك ئەوەی پێیان بلێت: ئەگەر ئارەزوومەند
و تامەزرۆی خواردنی سەرشۆڕی و بێزرێزین ئەوا بگەڕێنەوە بۆ ئەو ولاتەی
کە سەرشۆڕی و سووکێتیتان تێدا چەشت، لەویٰ ئەو خواردنەی نەفستان
ئارەزوومەندێتی دەسگیرتان دەبێت! پوختەی قسەکان ئەوەیە پێویستە
لەسەر مرۆڤایەتی هەست بەو جێکەوتە کاولکەریەی ستەم بکات، نابیٰ
بوار بە دەرکەوتنی هیچ ستەمکار و بە هیچ رژێمێکی ستەمکار بدرێت،
بەلام وادیارە مرۆڤ شتی بیردەچێتەوە.

چوارەم: حوکمڕانی خوایی و کۆتا پەیام

یەکەم شتێک کە مرۆڤ تێبینی دەکات لە کۆتا پەیام بریتییە لە
تێڕوانینی گەشبینانە بۆ مرۆڤ و جەختکردنی لەوەی کە گەشتۆتە ئەو
ئاستەی بتوانێت ببێتە هەڵگری سپاردە و بەرپرسیارێتی و پابەندبوون
بەو بەڵێنانەی کە لەنێوان خوای گەورە و باوکە ئادەم هەبوون و
بەجێگەیاندنی یەکەمین ئەرکی مرۆڤایەتی ئاوەدانکردنەوەی گەردوون و
جێنشینیکردن و هەڵگرتنی ئەرکی ئەمانەتە، خوای باڵادەست ستایشی
پێغەمەر (د.خ) دەکات بەوەی هەڵگری پەیامی هەموو پێغەمبەرانی پێش
خۆیەتی، هەڵگری راستاندن و زاڵبوون و لەخۆگرتن و تێپەڕاندنی
ئاستەنگەکان، پاکسازی پەیامە ئاسمانیەکان بکات کە دەکرێت بەهۆی
تەئویلکردنی نەفامەکان و دەستکاریکردنی ستەمکاران و تێکەڵکردنی
شتی نامۆ لەلایەن پەرگیرەکانەوە تووشی هاتبێت، با وردببینەوە لە
هەندێک لەو ئایەتە پیرۆزانەی کە ئاماژە بۆ دەسەڵات و حوکمڕانی دەکەن:
(إِنِ الْحُكْمُ إِلَّا لِلَّهِ يَقُصُّ الْحَقَّ وَهُوَ خَيْرُ الْفَاصِلِينَ) (الأنعام: ٥٧) واتە:
{فەرمانڕەوایی تەواو، هەر بەدەست خوای گەورەیە، ئەو لە ڕێگەی ئەم
قورئانەوە حەقیقەت و ڕاستیەکان باس دەفەرموێت و دەیخاتە ڕوو،
چونکە ئەو زاتە چاکترین و ڕاسترین جیاکەرەوەی ئیمان و شیرک، حەق و
بەتاڵە}، وە(وَمَن لَّمْ يَحْكُم بِمَا أَنزَلَ اللَّهُ فَأُولَٰئِكَ هُمُ الْفَاسِقُونَ) (المائدة:
٤٧) واتە: {ئەوەی حوکم و داوەری نەکات بەوەی کە خوای گەورە
ڕەوانەی کردووە و پابەندی نەبێت و پەیڕەوی نەکات، ئا ئەوانە
کەسانێکی لەسنوور دەرچوو گوناهبارن}، (وَمَا اخْتَلَفْتُمْ فِيهِ مِن شَيْءٍ
فَحُكْمُهُ إِلَى اللَّهِ) (الشورى: ١٠) واتە: {ئەی باوەڕداران: ئێوە لە

هەرشتێکدا کێشە و جیاوازیتان بۆ پێش هات ، ئەوە هەوڵ بدەن کە حوکم و فەرمانی خوا دەربارەی پەیدا بکەن و پیادەی بکەن}، وە هەروەها (وَمَن لَّمْ يَحْكُم بِمَا أَنزَلَ اللَّهُ فَأُوْلَئِكَ هُمُ الْكَافِرُونَ) (المائدة: ٤٤) واتە: {ئەوەی حوکم بە شەرع و بەرنامەی خوا نەکات و بەرنامەی غەیری خوای لا پەسەند و چاك بێت، ئا ئەوانە لە ڕیزی بێباوەڕ و حەق پۆشاندان}، وە (فَلاَ وَرَبِّكَ لاَ يُؤْمِنُونَ حَتَّىَ يُحَكِّمُوكَ فِيمَا شَجَرَ بَيْنَهُمْ ثُمَّ لاَ يَجِدُواْ فِي أَنفُسِهِمْ حَرَجًا مِّمَّا قَضَيْتَ وَيُسَلِّمُواْ تَسْلِيمًا) (النساء: ٦٥)، واتە: {نەخێر، سوێند بە پەروەردگارت ئەو خەڵکە باوەڕی تەواویان نییە هەتا لە هەموو کێشەیەکدا کە ڕوو دەدات لە نێوانیاندا تۆ و شەریعەتی تۆ نەکەنە داوەر و گوێڕایەڵی نەکەن، دوای ئەوە بەهیچ جۆرێك نابێت هیچ نارەزایی و پێناخۆشبوونێك لە ناخیاندا هەبێت دەربارەی ئەو بڕیارەی کە تۆ داوتە، بەڵکو دەبێت بەتەواوەتی تەسلیم و ڕازی بن}، وە (أَلَمْ تَرَ إِلَى الَّذِينَ أُوْتُواْ نَصِيبًا مِّنَ الْكِتَابِ يُدْعَوْنَ إِلَى كِتَابِ اللّه لِيَحْكُمَ بَيْنَهُمْ ثُمَّ يَتَوَلَّى فَرِيقٌ مِّنْهُمْ وَهُم مُّعْرِضُونَ) (آل عمران: ٢٣) واتە: {ئایا سەرنجی ئەوانەت داوە کە بەشێك لەکتێبی ئاسمانییان پێدراوە لەکاتێکدا کە کێشەیەکیان بۆ دروست دەبێت داوا دەکەن کە کتێبێکی تر حوکم بکات لە نێوانیاندا، بەڵام پاش ئەوەی حوکمیش کرا بەو کتێبەی تر لە نێوانیاندا هەندێکیان ناقایل دەبن بەحوکمەکەو پشت هەڵدەکەن چونکە لەگەڵ هەواو حەزەکانیاندا ناگونجێت}، بەڵام بڕبڕەی پشتی پەیامی محمد (د.خ) و ئەرکی سەرەکی کە لەسەر زمانی باوکی پێغەمبەران (ئیبراهیم) (سەلامی خوای لەسەر) بریتیە لە (رَبَّنَا وَابْعَثْ فِيهِمْ رَسُولاً مِّنْهُمْ يَتْلُو عَلَيْهِمْ آيَاتكَ

وَيُعَلِّمُهُمُ الْكِتَابَ وَالْحِكْمَةَ وَيُزَكِّيهِمْ إِنَّكَ أَنتَ العَزِيزُ الحَكِيمُ) (البقرة: ١٢٩) واته: {پەروەردگارا لە نێو ئەو خەلکەی کە لە ئایندەدا نیشتەجێ دەبن پێغەمبەرێك رەوانە بکە کە ئایەتەکانی تۆیان بەسەردا بخوێنێتەوەو فێری کتێبی قورئان و دانایيان بکات، دڵ و دەرونیان خاوێن بکاتەوەو پاك و پوختی بکات، چونکە تۆ بەراستی زاتێکی تەواو باڵادەست و تەواو زانایت (لە هەموو کار و بڕیارەکانتدا)}، پاشان خوای باڵادەست بە منەتەوە باسی دەکات و دەفەرموێت: (لَقَدْ مَنَّ اللّهُ عَلَى الْمُؤْمِنِينَ إِذْ بَعَثَ فِيهِمْ رَسُولاً مِّنْ أَنفُسِهِمْ يَتْلُو عَلَيْهِمْ آيَاتِهِ وَيُزَكِّيهِمْ وَيُعَلِّمُهُمُ الْكِتَابَ وَالْحِكْمَةَ وَإِن كَانُواْ مِن قَبْلُ لَفِي ضَلاَلٍ مُّبِينٍ) (آل عمران: ١٦٤) واته: {لەراستیدا خوای گەورە منەتی خێری ناوەتە سەر ئیمانداران بەوەی کە پێغەمبەرێکی لە خۆیان بۆ ڕەوانە کردوون، کە بە ڕوونی و بە ئاشکرا ئایەتەکانی قورئانی پیرۆزیان بەسەردا دەخوێنێتەوە و هەوڵ دەدات ناخیان پاك و پوخت بکات و بەچاکی فێری قورئان و حیکمەت و دانایيان بکات، هەرچەندە ئەوانە پێشتر لە تاریکی و گومڕایيەکی ئاشکرادا گیریان خواردبوو}، فەرمانیش دەکات بە پێغەمبەرەکەی کە ئەرکەکەی کورت بکاتەوە: (إِنَّمَا أُمِرْتُ أَنْ أَعْبُدَ رَبَّ هَذِهِ الْبَلْدَةِ الَّذِي حَرَّمَهَا وَلَهُ كُلُّ شَيْءٍ وَأُمِرْتُ أَنْ أَكُونَ مِنَ الْمُسْلِمِينَ * وَأَنْ أَتْلُوَ الْقُرْآنَ فَمَنِ اهْتَدَى فَإِنَّمَا يَهْتَدِي لِنَفْسِهِ وَمَن ضَلَّ فَقُلْ إِنَّمَا أَنَا مِنَ الْمُنذِرِينَ) (النمل: ٩١ ـ ٩٢) واتە: {لەراستیدا منی پێغەمبەر فەرمانم پێدراوە کە پەروەردگاری ئەم ناوچەیە ببپەرستم کە سنووری بۆ داناوە و ڕێزی لێگرتووە هەندێ شتی حەلاڵی تێیدا حەرام کردووە، هەموو شتیش هەر بەدەست ئەو زاتەیە، وە من فەرمانم پێکراوە

له رِیزی موسلّماناندا بم..، هـهروهها فـهرمانم پێدراوه که دهوری قورئان بکهمـهوه، جا ئـهوهی رِێبازی هیدایـهت و دینداری دهگرێتهبهر، ئهوه قازانجی هیدایهت و دینداریهکهی بۆ خۆیهتی، ئهوهش که رِێبازی گومرِایی دهگرێتهبهر ئهوه ههر خۆی زهرهر دهکات، ههردهم بهو جۆره کهسانه رِابگهیهنه که کاری من بێدارکردنهوه و هۆشیاری دانه{.

ئهم ئایهته پیرۆزانه ئاماژه دهکهن بۆ ئهو ئهرکه سهرهکیانهی که خراونهته ئهستۆی پێغهمبهر ﷺ، که له هیچکام لهو ئایهتانهدا رِاشکاوانه باسـی حـوکم و حـوکمرِانی نـهکراوه بـهو جۆره مانایانـهی که دواتر بهکاردههێنران، لهبهرامبهریشدا ئهو ئایهتانه دهبینین که لـهم دواییانهدا لێیانهوه چهمکی حوکمرِانی بهشێوهیهکی بهربلّاو پـهرهی سـهند، ئـهوهی بیـهوێت بهدواداچـوون بکـات بۆ ژیاننامـهی پێغهمبـهر (د.خ) دهبینێت: پێغهمبهر سهرکردهیه، حاکمه، قازییه، موفتییه، فێرکاره، بهلّام ئهمانه ههمووی دهرهاویشتهی پێغهمبهرایهتییه، نهك دهرهاویشتهی دهسهلّات و حـوکمرِانی، پێغهمبهرایـهتی وهك مامۆسـتا، پێغهمبهرایـهتی وهك پهروهرشیار، پێغهمبهرایـهتی وهك کهسـێکی هۆشیارکهرهوهی دهروون، نهك وهك شمشێری دهسهلّات و دهسهلّاتداران.

یهکێکی تر لهو کارانهی پێغهمبهر (د.خ) که جێگای لهسهر وهستانه، کاتی چوونی بۆ رِزگارکردنی مهککه، فـهرمانی کرد که لهسـهر لوتکهی شاخهکانی دهوروبهری مهککه ئاگر بکهنهوه پێش ئهوهی که رِۆژی دواتر بچێته ناو شارهکه، بۆ ئهوهی قورهیش تووشی تێکشکانی دهروونی بکات

و توانای بەرگرییان نەمێنێت، کاتێک ئەبو سوفیان بەهاوڕێیەتی عەباس لەو شەوەدا و دەچوون بۆ لای پێغەمبەر (د.خ)، بۆ ئەوەی موسڵمانبوونی خۆی ڕاگەیەنێت پێش ئەوەی پێغەمبەر بچێتە ناو مەککەوە، بەڵکو لێیەوە پێغەمبەر ئاوڕێکی لێبداتەوە و شەرەفمەندی بکات بە یەکێک لە کارەکان، کاتێک ئەبو سوفیان بینی ئاگرێکی زۆر کراوەتەوە، پێشبینی زۆریی ژمارەی ئەو هاوەڵ و جەنگاوەرانەی کرد کە لەگەڵ پێغەمبەردان، بۆیە ڕووی کردە عەباس و وتی: دەسەڵاتی برازاکەت زۆر فراوان بووە، عەباسیش وەڵامیدایەوە و وتی: ئای ئەبو سوفیان ئەوە پێغەمبەرایەتیه[1].

لەم وتووێژەوە دەردەکەوێت کە ئەبو سوفیان دەسەڵات و پێغەمبەرایەتی تێکەڵ کردووە، بەڵام عەباس لای ڕوونە ئەوە پێغەمبەرایەتیە و پێغەمبەرایەتی شتێکی جیاوازە لە دەسەڵات و دەسەڵاتدارێتی، پێغەمبەریش (د.خ) ئەمەی لە فەرموودەکانیدا دووپاتکردووەتەوە، وەک ئەو فەرموودەی بۆ ئەو کەسەی کە لەبەردەمیدا دەلەرزی لە ترسی شکۆی پێغەمبەر، بۆیە فەرمووی پێی: (هێواشبەرەوە، من پاشا نیم، بەڵکو من کوڕی ئافرەتێکی قوڕەیشیم کە گۆشتی

[1] ابن هشام، أبو محمد عبد الملك. السيرة النبوية، تحقيق: مصطفى السقا وابراهيم الأبياري وعبد الحفيظ شلبي، القاهرة: مكتبة ومطبعة مصطفى البابي الحلبي، ١٩٥٥م، ط٢، ج٢، ص٤٠٤.

وشككراوەی دەخوارد) [1]، هـەروەهـا ئـەو فەرموودەیـەی کـە دەفـەرمیّ: (خودایە بە مسکیّنی زیندوومکەرەوە و بە مسکیّنیش بممریّنە) [2] هـەموو ئەمانـە دەچنـە چوارچـیّوەی هـەولّی دوورخسـتنەوەی دەسـەلّات و دەسەلّاتدارییّتی و دووپاتکردنەوەی چەمکی پیّغەمبەرییّتی لـە حوکمرانیـدا، ئەمـە پیّغەمبەرییّتیـە وەسـتاوە لەسـەر خویّندنـەوەی قورئـانی پیـرۆز، خویّندنـەوەی ئایەتـەکان و فیّربوونیـان و پـەروەردەکردنی خـەلّک و راسـتکردنەوەی ئاکارەکانیـان بـەپیّی ئـەو ئایەتانـە، تـا ئـەو رِادەیـەی بەکارهیّنانی ئەوەی هەژماردەکریّت بە هەلّسوکەوتی سیاسیانە، ئەوانەش

[1] القزويني، أبو عبد الله محمد بن يزيد بن ماجـة. السنن، تحقيـق: شـعيب الأرنـؤوط ومحمد كامـل قرەبللی، دمشق: دار الرسالة العالمية، ٢٠٠٩م، ط١، ابواب الأطعمة، باب القديد، ج٤، ص٤٣٠.

– الطبراني، أبو القاسم سليمان بن احمد. المعجم الاوسط، تحقيق: طـارق عـوض الله وعبد المحسـن ابراهيم، قاهرة: دار الحرمين، ١٩٩٥م ط١، ج٢، ص٦٤.

– الخطيب البغدادي، أبوبكر أحمد بن علي. تأريخ بغداد، تحقيق: بشـار عـواد معـروف، بـيروت: دار الغرب الإسلامي، ٢٠٠١م ،ط١، ج٧، ص٣٦٣.

– الحاكم النيسابوری، أبو عبدالله محمد بن عبدالله. المستدرك علی الصـحيحين، تحقيـق: مصـطفی عبد القادر عطا، بيروت: دار الكتب العلمية، ٢٠٠٢م، ط٢، ج٣، ص٧٠.

– الجرجاني، أبو أحمد بن عدي. الكامل في ضعفاء الرجال، تحقيق: عبد الفتاح أبو سنة، بيروت: دار الكتب العلمية، ٢٠٠٢ز، ط٢، ج٧، ص٥٤٥.

[2] الترمذي، أبو عيسى محمد بن عيسى بن سورة. الجامع الكبير (سنن الترمذي)، تحقيـق: شـعيب الأرنؤوط و هيثم عبد الغفور. دمشق، دار الرسالة العالمية، ٢٠٠٩م، ط١، أبواب الزهد، بـاب (مـا جـاء أن فقراء المهاجرين يدخلون الجنة قبل أغنيائهم) ج٤، ص٣٧٥.

–القزوينی، أبو عبد الله محمد بن يزيد بن ماجـه. السنن، تحقيـق: شـعيب الارنـؤوط و محمد كامـل قرەبللی، ديمەشق: دار الرسالة العالمية، ٢٠٠٩ز، ط١، أبواب الزهد، باب الجلـوس مـع المسـاكين، ج٥، ص ٢٤٠.

هەر هەمووی لـه رِوانگەی پـەروەردەیی و فێرکردنـەوه دەکران نـەك لـه
رِوانگەی دەسەڵاتخوازی، ئەمەش ئەو جیاوازییه بنەرِەتیەیـه کـه لـەنێوان
دەسەڵاتی پێغەمبەرایەتی و دەسەڵاتدارێتی جگـه ئـەودا هەیـه، بۆیـه لـه
فەرموودەدا هاتووه: (جێنشینی لـه پـاش من سی سـاڵە) [1].

لـه(نوعمانی کـوری بەشـیر)ه وه گێرِدراوەتـەوه دەفـەرمیّ خـۆم لـەگـەڵ
باوکمدا (بەشیری کـورِی سەعید) لـه مزگەوت بووین، ئـەبو سـەعلەبەی خوشـەنی
هات باوکم پێّی وت: ئـەی بەشیر، ئایا ئـەو وتـارەی پێغەمبـەرت لـەبـەره کـه
دەربـارەی خەلیفەکانـه ؟ ئـەویش وتی: نـەخێر، حوزەیفـەی کـورِی یـەمان کـه
ئـەویش لـەویّ دانیشتبوو وتی: من لـەبـەرمه، ئـەبو سـەعلەبه لـەگـەلّیان دانیشـت و
وتی به حوزەیفه: پێغەمبـەر (د.خ) فـەرمووی: ئـەوەندەی خوای گـەوره بیـەوێت
پێغەمبـەرایـەتی لـه نـاوتاندا دەبێت، پـاشان خوای بـەرز و بلّـند هـەرکات ویسـتی
هەلێئەگرێت، پـاش ئـەوه دەبێتـه جێنشین لـەسـەر رِێبازی پێغەمبـەرایـەتی تا ئـەو
کاتـەی خوای گـەوره بیـەوێت، پـاشان ئـەویش هەلّدەگیرێت هـەرکات خـوا ویسـتی
لـه هەلّگرتنی بێت، پـاشان دەبێتـه "پاشایـەتی ستـەم و ستـەمکاری" ئـەوەندەی
خـوا بیـەوێت ئـەو پاشایـەتیه زۆرەملێیـه بـەردەوام دەبێت، پـاشان هـەرکات
ویسـتی پاشـایـەتی هەلّدەگرێت، پـاشان دەبێتـه جێنشینی لـەسـەر رِێبازی
پێغەمبـەرایـەتی، پـاشـان بێّدەنگ بـوو. حـەبیب وتـی: لـەوکاتـەدا سـەردەمی
عومـەری کـورِی عەبدولعەزیز بـوو، ئـیبن نوعمـان وتـی: من دەخـوازم عومـەری

<hr>

[1] البزار، أبوبکر أحمد بن عمر. البحر الزخار –المعروف بمسند البزار –تحقیق: محفوظ الرحمن زین
الله، المدینة المنورة : مکتبة العلوم والحکم، ۱۹۹۷م، ط۱، أول مسند (سفینة مولی رسول الله رضي
الله عنه)، ح ۳۸۲۸، ج۹، ص۲۸۰.

کوڕی عەبدولعەزیز ئەو جێنشینه بێت، وتی: حەبیب چوو بۆ لای عومەری
کوڕی عەبدولعەزیز و بۆی گێڕایەوە، ئەویش پێی سەیر بوو (ئەمەی کە
باسکرا)، ئەم فەرموودەیه نازانین کەسی تر وتبێتی: نوعمان له حوزەیفەوە
گێڕاویەتیەوە جگه ئیبراهیم کوڕی داوود نەبێت [1].

ئەمەی لەم کۆتاییەدا باسمان کرد، واته پێویستبوونی دەرككردن
بەوەی کە ئەرکی بنەڕەتی خەلیفه خوێندنەوەی ئایەتەکانی خوایه بەسەر
خەڵکیدا و شارەزاکردنیانه له قورئان و پاككردنەوەی دەروون، ئەو
ئاڕاستەیەش که وەستاوه لەسەر پاداشتکردنی چاکەکاران و سزادانی
خراپەکاران هەر لەسەر هەمان ئاڕاستەی پاککردنەوەی دەروونەو چەندین
شتی تریش که ئەمانه هیچیان ناچنه خانەی خۆسەپاندن و زۆردەملیّ و
لەو چوارچێوەیەدا جێگای ئەبێتەوە، بەڵکو دەرژێته خانەی پاککردنەوەی
دەروون و فێربوون و پەروەردەکردن، به ڕووماڵکردنی هەموو ئەمانه
زەحمەته بتوانین بەرپەهایی دان بنێین به بوونی دەسەڵاتێکی خۆسەپێن
له ئیسلامدا که وەستابێت لەسەر هەژموونی ڕەهای خوای باڵادەست،
یاخود پێغەمبەرەکەی بەناوی خواوه، یان جێنشینەکانی پێغەمبەر
بەناوی خواوه، یان بەناوی شەرعەوه، بەڵکو بریتیه له پەروەردە و
پاککردنەوەی دەروون و خوێندنەوه و فێربوون.

---

[1] البزار، أبوبكر أحمد بن عمر. البحر الزخار –المعروف بمسند البزار –تحقيق: محفوظ الرحمن زين
الله، المدينة المنورة : مكتبة العلوم والحكم، ١٩٩٧م، ط١، أول مسند مەسنەدی حذیفة رضي الله
عنه، ج٧، ص٢٢٣

بینا لەسەر ئەمە سەیری بارودۆخ و رووداو و پێشهاتەکانی تر دەکرێت بەو پێیەی هەر ئەم واتایە دووپات دەکاتەوە، فەرموودەکەی پێغەمبەریش کە پێشتر ئاماژەمان بۆ کرد[1] خوێندنەوەیەکی بۆ پاشەڕۆژ و تێڕوانینێکی دووربینانەی تێدایە لەلایەن پێغەمبەرەوە (د.خ) بۆ ئەوەی پاش خۆی چی روودەدات، پاشان چۆنیەتی تێگەیشتن لەم کارە بۆ کەسانی دوای خۆی، بەمەش پێغەمبەر (د.خ) جیاکاریەکی گەورە دەکات لەنێوان جێنشینی لەسەر رێبازی پێغەمبەرایەتی و دەسەڵاتێکی زۆردار و خۆسەپێن لەژێر هەر ناوو دروشمێکدا بێت، کەواتە لە ئیسلامدا تەنها پێغەمبەرایەتی و جێنشینی لەسەر رێبازی پێغەمبەرایەتی هەیە.

بەڵام "حوکمڕانی" لەڕاستیدا دراوەتەوە دەست کتێبەکەی خوای بالادەست "قورئانی پیرۆز" کە وەسفکراوە بە جۆرەها نازناو کە هیچ کتێبێکی تری پێش ئەم کتێبە بەو شێوەیە وەسف نەکراوە، ئەوەتا لەلایەن خوای بالادەستەوە گەرەنتی پاراستنی دەقەکانی دراوە، بەشێوەیەك بەردەوام بەپارێزراوی دەمێنێتەوە تا رۆژی قیامەت، بۆ هێنانەدی ئەم خواستە، قورئانی پیرۆز ئەو راستیەی کە لە دووتوێیدایە دەسەلمێنێت، بەتوانا و رێزدارە، ئەو شەریعەتەی کە هەڵیگرتووە شەریعەتێکی ئاسانکار و پڕسۆزە و لابەری کۆت و بەندەکانە و زۆرێکی تر لەو تایبەتمەندییانەی کە وادەکات قورئانی پیرۆز ببێتە دەسەلاتدار، بەڵام

[1] هەروەها بروانە : ابن حنبل، أحمد . مسند الامام أحمد بن حنبل، تحقيق: شعيب الارنۆوگ وئیخرون، مۆسسه الرساله ، ١٩٩٩م، تتمة مسند المدنيين، حديپ النعمان بن بشير عن النبی (د.خ) ، ج ٣٠ ح ١٨٤٠٦ص ٣٥٥.

به خوێندنەوەیەکی مرۆڤانە، مرۆڤەکانیشن کە هەمیشە دەخوێننەوە، لێرەوە گرنگی پرسی خوێندنەوە و مەنهەجی بوونی کۆکردنەوە لەنێوان هەردوو خوێندنەوەکەو پەیوەندییان بەم کارەوە بەدەردەکەوێت، بۆیە "حـوکمڕانی خـوایی" بـۆ جوولەکـەکان کۆتـایی هـات و چـوویە لای پێغەمبـەرانی جێنشـین، پاشـان چـوویە لای پاشـاکان لـە نـەوەکانی ئیسرائیل، ئەو سەردەمەش پێپچرایەوە و کۆتایی هات.

بـەڵام لـە کۆتـا پەیامـدا بـە پێغەمبەرایەتیـەک دەسـتی پێکرد کە وەسـتابوو لەسـەر پـەروەردەو فێرکـردن و پاککردنـەوەی دەروون و خوێندنەوەی ئایەتەکان، تیایدا کرداری ئامادەسازی بۆ پێداویستیەکانی ئاوەدانکردنـەوە و شارسـتانی بـوون رەچاوکراوە، بـەڵام بـە دیدگای پێغەمبەرایـەتی و جێنشینیەوە، تیایدا حوکمڕانی رادەستی کتێبەکەی خوای باڵادەست کراوە کە تاکە سەرچاوەی بەدەستهێنانی حوکمـەکان و روونکەرەوەی هەموو شتەکانە. هەرشتێک تووشی هەرکەسێکی پەیوەست بـە ئـایینی خـوای باڵادەسـت بووبێتـەوە بەدڵنیاییـەوە بەڵگەیـەکی لـە کتێبەکەی خوای گەورەدا دەست دەکەوێت بۆ رێنیشاندانی، خوای گەورە دەفەرموێت: (الَر كِتَابٌ أَنزَلْنَاهُ إِلَيْكَ لِتُخْرِجَ النَّاسَ مِنَ الظُّلُمَاتِ إِلَى النُّورِ بِإِذْنِ رَبِّهِمْ إِلَى صِرَاطِ الْعَزِيزِ الْحَمِيدِ) (ابراهيم: ١) واتە: {ئـەم قورئانە لـەو پیتانە پێکهاتووە و نازڵمان کردووە بۆ تۆ ئەی پێغەمبەر (د.خ)، تا خەڵکی بە هۆیەوە لە تاریکیەکانی (بیّ دینی و نەفامی و نەزانی و ستەم) دەرباز بکەیت و بیانخەیتە دەریای نوور و بەرچاوڕوونیەوە بە ویستی

پەروەردگاریان، تا بە تەواوی تێبگەن لە بەرنامە و رێبازی خواوەندی بالآدەست و شایستەی سوپاسگوزاریی}، هەروەها دەفەرموێت: (بِالْبَيِّنَاتِ وَالزُّبُرِ وَأَنزَلْنَا إِلَيْكَ الذِّكْرَ لِتُبَيِّنَ لِلنَّاسِ مَا نُزِّلَ إِلَيْهِمْ وَلَعَلَّهُمْ يَتَفَكَّرُونَ) (النحل: ٤٤) واتە: {ئەوەتە هەر ئێمە ئەم قورئانەشمان بۆ تۆ نازڵ کردووە تا پەیامی خوا بە جوانی رِابگەیەنیت و ئەم پەیامە بۆ ئەو خەڵکە رِوون بکەیتەوە کە لە لایەن پەروەردگاریانەوە بۆیان نازڵ کراوە، بەڵکو بیر بکەنەوە و تێفکرن }، وە دەفەرموێت: (وَنَزَّلْنَا عَلَيْكَ الْكِتَابَ تِبْيَانًا لِّكُلِّ شَيْءٍ وَهُدًى وَرَحْمَةً وَبُشْرَى لِلْمُسْلِمِينَ) (النحل: ٨٩) واتە: {هەروەها ئەم قورئانەشمان بۆ نازڵ کردویت کە هەموو شتێکی پێویستی دەربارەی دنیا و قیامەت تێدا رِوونکراوەتەوە، هەروەها هیدایەت و میهر و رِەحمەت و مژدەبەخشیشە بە مسولّمانان لە سەرجەم زەمان و زەمینێکدا}، هەروەها دەفەرموێت: (وَكَذَلِكَ أَوْحَيْنَا إِلَيْكَ رُوحًا مِّنْ أَمْرِنَا مَا كُنتَ تَدْرِي مَا الْكِتَابُ وَلَا الْإِيمَانُ وَلَكِن جَعَلْنَاهُ نُورًا نَّهْدِي بِهِ مَنْ نَّشَاء مِنْ عِبَادِنَا وَإِنَّكَ لَتَهْدِي إِلَى صِرَاطٍ مُّسْتَقِيمٍ) (الشورى: ٥٢). واتە: {ئەی محمد (د.خ) ئا بەو شێوەیەی کە دەیزانیت ئێمە رِۆح و قورئانیێکمان بە وەحی و نیگا بۆ رِەوانە کردیت بە مەرجێک تۆ پێشتر نەتدەزانی قورئان چیە و ئیمان چۆنە، بەڵام ئێمە ئەوەتە قورئانمان کردووە بە سەرچاوەیەکی نور و رِوناکی و هیدایەتی ئەو بەندانەی کە شایستەن بێگومان تۆ چاوساغ و رِێنمونی ئەو خەڵکە دەکەیت بۆ بەرنامە و رێگە و رِێبازیکی رِاست و دروست}.

کەواتە حوکمڕان ئەو کتێبەیە کە خوای بالادەست ناردوویەتیە سەر مرۆڤە جێنشینەکان —سەربە هەر شارستانیەتێک بێت، یان هەر شێوازێکی رۆشنبیری و هەر بوارێکی مەعریفیی هەبێت — تا ئەو راسپاردە و رێنماییانەی کە تیایدایە جێبەجیّ بکرێت و راستی سەرکەوێت و ببێتە نێوەندگیر لەنێوان خەلّکدا.

لە حوکمڕانی ئەم کتێبە پیرۆزەدا مرۆڤەکان بەرپرسن بەرامبەر هەر شتێک کە پێویست بێت بۆ بەها گشتییە هاوبەشەکانی نێوان مرۆڤەکان، بەهاکانی دادپەروەری و دەستپاکی و رێنماییکردن، بۆیە پێویستە مرۆڤەکان ئەم قورئانە بخوێننەوە، خوێندنەوەیەکی مەنهەجیانە، خوێندنەوەکە هاوکات بێت لەگەلّ خوێندنەوەی گەردووندا و هەردووکیان لە پرۆگرامێکدا کۆبکاتەوە لەیەک خوێندنەوەی مۆلّ و دانەبراو لەیەکتر، هەر لەو کاتەی کە هەلّدەستێت بە خوێندنەوە و رۆچوون لە نێو ئایەتەکان و بیرکردنەوە لێیان هەلّدەسێت بە تێبینی و بەدواداچوون و بیرکردنەوە و لێوردبوونەوە لە سوننەتەکانی گەردوون، ژیری و هزریش هەلّدەسێت بە کۆکردنەوەی ئەوەی کە لەو نێوەندەدا دەستی دەکەوێت لەو دوو سەرچاوەیە (سرووشە خوێندراوەکە "قورئان" و گەردوونی پەخشکراو)، تێکهەلّکێشکردنی هەردووکیان، لێیانەوە بەشێوەیەکی رێکوپێک دەرەنجامێک دەدات بەدەستەوە، دەرەنجامەکەش دەبێتە تەواوکاری ئەو یاسایانەی کە ژیان رێکدەخات و ئەو بناغە مەنهەجیانەی کە دەکرێت مرۆڤەکان بە هۆیانەوە رێگای دروست بدۆزنەوە و رزگاریان

ببێت له خولگه دژبهیهکهکان و دوانهیی رکابهر که لهو خوێندنهوه
تاکلایهنانهوه سهرچاوه دهگرێت، خوێندنهوه ناکامهکان وای لێدهکات
وردوخاش ببێت لهنێو ئهو دوانهییهدا، که وادهکات له مرۆڤایهتی کاتێکی
زیاتر لهژیانی خۆی بهفیڕۆ بدات لهنێوان ئهو بۆچوونه دژبهیهکانهدا،
بۆچوونی جهبری و قهدهریهکان، بۆچوونی تێکهڵکردن لهنێوان کرداری
مرۆڤایهتی و کرداری خوایهتی و چهندین بۆچوونی تر و لهنێوان بۆچوون و
دهربارهی حوکمڕانیکردنی کتێبهکهی خوا، ئهم حوکمڕانیه چهندین
رهههند پاڵپشت و بههێزی دهکات، لهوانه: گشتییبوونی شهریعهت،
گشتگیری و دهرچوون لهوهی که تهنها دهقێکی قورئانی پارێزرا و بێت و
تاقمێک له خهڵک ههستن به لهبهرکردنی و زۆرینهی خهڵکهکهی تر لێی
بێئاگابن، بهڵکو ئهمه کتێبێکی کراوهی ئاشکراکراوه، ههموو کهسێک
دهتوانێت بیخوێنێتهوه و پهیوهندی پێوه بکات، بهشێوهیهک هیچ تاقمێک
ناتوانێت خۆی بکاته دهمڕاست و لهرێی بانگهشهی کارکردن بهحوکمی
خوایی و خۆسهپاندن بهسهر خهڵکیدا، لهبهر هیچ شتێک نا تهنها به
بهبیانووی ئهوهی ههر ئهوان زیاتر شارهزا و تایبهتمهندن و له توانای
کهسانی تردا نییه بگهن به ئهو ئاسته .

بهههمانشێوه حوکمکردنی قورئان، مرڕۆڤهکان ئازاد دهکات،
دهریدههێنێت لهژێر چهپۆکی ههر کهسێکی خۆسهپێن لهژێر ناوی "مافی
خودایی" — ههروهک ئهو حاڵهته له زۆرێک له شارستانیهتهکانی کۆندا
ههبوو—، تواناییهکی بهردهواومیش دهداته مرۆڤهکان بۆ تازهکردنهوهی

83

حوکمەکان لەرێگەی کارکردنی ئەوە خوێندەوارەکان لەگەلّ قورئانی پیرۆزدا و رێکخستنی ژیان لەسەر شێوازێکی نەرم و فراوان لەچوارچێوەی ئەو بەها قورئانیە رەهایانەی کە توانای هەیە هەر واقیعێکی مرۆیی لەخۆبگرێت، ئیتر ئەو واقیعە هەرچۆنێك بێت و بە تێگەیشتنێکی مرۆڤانەی تازەگەر کە مافی خۆیەتی جیاواز بێت لە شوێنێکەوە بۆ شوێنێکی تر لە کاتێك بۆ کاتێکی تر، سوودوەرگرتن لە هەموو حالّەتەکان لە هەموو ئەزموون و لێهاتنەکان، لە مەنهەجیەتی پێغەمبەری خوا (د.خ) و تێگەیشتنی بۆ قورئانی پیرۆز و پەیوەستکردنی بەهاکانی لەگەلّ واقیعدا، هەموو ئەم بەخششانە و هەموو ئەم بایەخانە ئەوانەن کە خوای گەورەو بالّادەست لە قورئانە پیرۆزەکەیدا ئاماژەی پێکردوون: (وَاكْتُبْ لَنَا فِي هَذِهِ الدُّنْيَا حَسَنَةً وَفِي الآخِرَةِ إِنَّا هُدْنَا إِلَيْكَ قَالَ عَذَابِي أُصِيبُ بِهِ مَنْ أَشَاء وَرَحْمَتِي وَسِعَتْ كُلَّ شَيْءٍ فَسَأَكْتُبُهَا لِلَّذِينَ يَتَّقُونَ وَيُؤْتُونَ الزَّكَاةَ وَالَّذِينَ هُم بِآيَاتِنَا يُؤْمِنُونَ * الَّذِينَ يَتَّبِعُونَ الرَّسُولَ النَّبِيَّ الأُمِّيَّ الَّذِي يَجِدُونَهُ مَكْتُوبًا عِندَهُمْ فِي التَّوْرَاةِ وَالإِنْجِيلِ يَأْمُرُهُم بِالْمَعْرُوفِ وَيَنْهَاهُمْ عَنِ الْمُنكَرِ وَيُحِلُّ لَهُمُ الطَّيِّبَاتِ وَيُحَرِّمُ عَلَيْهِمُ الْخَبَائِثَ وَيَضَعُ عَنْهُمْ إِصْرَهُمْ وَالأَغْلاَلَ الَّتِي كَانَتْ عَلَيْهِمْ فَالَّذِينَ آمَنُواْ بِهِ وَعَزَّرُوهُ وَنَصَرُوهُ وَاتَّبَعُواْ النُّورَ الَّذِيَ أُنزِلَ مَعَهُ أُوْلَئِكَ هُمُ الْمُفْلِحُونَ) (الاعراف: ١٥٦ـ ١٥٧) واتە: {خوایە گیان! داواکارین لە زاتی خاوەن میهرتان کە لە دنیادا خێر و چاکەمان بۆ پێش بهێنن، هەروەها لە قیامەتیشدا خێر و چاکەمان پێ ببەخشیت، لە راستیدا ئیتر ئێمە بە تەواوەتی رێنمویی کراوین بۆ پەرستنی تەنها زاتی تۆ، خوای گەورەش لە وەلّامیاندا فەرموی: من سزا و

تۆڵـەی خـۆم بەسـەر کەسـێکدا دەدەم کە خـۆم دەمـەوێت و (ئـەویش
شایسـتەیە)، بـەڵام ڕەحمـەت و سـۆز و میهرەبـانیم هـەموو شتێکی
گرتۆتەوە، تۆماریشی دەکەم بۆ ئەو کەسانەی کە تـەقوادار و دینـدارن و
خۆیان دەپارێزن لـەو شتانەی کە مـن قەدەغـەم کردووە، ئەوانـەی کـە
زەکاتی ماڵ و سامان و هەرچی شتێک کە هەیانە دەیبەخشن، بە هـەموو
بـواریکی خێـر و چاکە، ئەوانـەی کـە باوەڕیـان بـە هـەموو ئایـەت و
فەرمانەکانی ئێمە هەیە، هەروەها ئەوانەی کە لە ئایندەدا باوەڕ دەکـەن
بە پێغەمبـەر و فرستادەی نەخوێنـدەوارمان (محمد (د.خ))، جوولەکە و
مەسیحیەکانیش ناونیشانەکانی دەبینن کە تۆمار کـراوە لـە تـەورات و
ئینجیلـدا (لەگـەڵ دەستکاریکردنیشـیدا) کە هەنـدێ سیفاتی ئەوەیـە:
فەرمانیان پێدەدات بە چاکە و چاکەکاری، هەرچی شتێکی چاک و پاک و
بەسوودە بۆیان حەڵاڵ دەکات، هەرچی شتێکی پیس و خراپ و ناپوختە
لێیان حەرام دەکات، ئەرکە قورس و سەنگینەکان لەسەرشانیان لادەبات،
ئەو کۆت و زنجیرانەش کە لە گەردنیاندا بوو (بەهۆی لادان و یاخیبوون و
گوناهەکانیانەوە، وەکو خۆکوشتن بۆ ئەوەی تەوبەیان گیرا بێت) لای
دەبات، جا ئەوانەی باوەڕی پێ دەکـەن و پشتیوانی ئاین و بەرنامەکـەی
دەکەن و شوێنی ئەو نووزە دەکەون (کە قورئانە) و بۆ ئەو نازڵ کراوە،
هەر هەموو ئەوانە سەرفراز و ڕزگار و سەرکەوتوون لە هەردوو جیهاندا} .

کەواتە قورئانی گەورە دەسەڵاتداری ئەم گەلەیە کە خـوای گەورە
ویستویەتی گەلێکی نێوەندگیر بێت، هەرئەویش خاوەنی دەسەڵاتە لـەم

کۆتا پەیامەدا کە خوای گەورە ویستوویەتی پەیامێکی جیهانی بێت و
تەواوی مرۆڤەکان لەژێریدا بحەسێنەوە، لێرەدا دەمانەوێت ئەم وتەیەی
پێشەوا (شاطبی) نەقڵ بکەین: "شەریعەت – کە مەبەست لێی قورئانی
پیرۆزە –هەر خۆی بەڕەهایی حوکمڕانە بەسەر هەموانەوە، واتە: بەسەر
پێغەمبەر و تەواوی بەندەکانەوە کە قورئانی پیرۆز خۆی ڕێنیشاندەرە و
هەر خۆی سرووشی دابەزێنراوە بۆ سەر پێغەمبەر و ڕێنماییکار و
ڕوونکەرەوەیە بۆ ئەو هیدایەتە و دروستکراوەکانیش هەموو
ڕێنیشاندراون"[1]، کاتێکیش دڵی پێغەمبەر (د.خ) و هەموو پارچەکانی لەشی و
ڕووکاری ناوەوەو دەرەوەی بەو نوورە ڕاستەقینەیە ڕووناک بوویەوە بە زانست
و بە کردار، ئەو بوویە ڕێنیشاندەری یەکەمین و گەورەترین ڕابەر بۆ ئەم گەلە،
ئەوەتا خوای گەورە تایبەتی کردووە بە دابەزاندنی ئەو نوورە ئاشکرایە بۆ
سەری لەکاتێکدا هیچ دروستکراوێکی تری بۆ تایبەت نەکردووە، ئەوی هەڵبژارد
لەنێو ئەو کۆمەڵە خەڵکەی کە وەک ئەو وابوون لە شێوازی دروستبوونیاندا وەک
هەر مرۆڤێکی تر، ئەوی هەڵبژارد یەکەمجار لە ڕووی تایبەتمەندبوونی بە
سرووشەوە کە بەهۆیەوە دڵ و ئەندامەکانی لەشی پێ ڕووناک کردەوە تا
ئاکارو رەوشتی بوویە قورئان، ئەمەش دەرەنجامی ئەوەبوو سرووشی کردە
حوکمڕان بەسەر خۆیەوە تا ڕەوشت و هەڵسوکەوتی وەک ئەوی لێهات، واتە
بەگوێرەی سرووش و هەروەها بەگوێرەی قورئانی پیرۆز، قورئان دادەبەزی بۆ
هەموو هەڵوێست و حاڵەتێک بە قسەلەسەرکردن یان بە ڕوونکردنەوە و

---

[1] الشاطبي، ابراهيم بن موسى، الاعتصام، تحقيق: هشام بن إسماعيل الصيني، بيروت: دار الجوزي،
ط١، ٢٠٠٨م، ج٣، ص٣٠٩.

ڕوونکردنەوە و دیاریکردنی سزا یان پاداشت، پێغەمبەریش (د.خ) شوێنکەوتە و وەڵامدەرەوەی داواکانی بوو، لەئاست حوکمەکانیدا دەوەستا، ئەگەر ئەو ئاوابووبێت، واتە شەریعەت حوکمی پێغەمبەری (د.خ) کردبێت، یاخود قورئانی پیرۆز حوکمی کردبێت بەسەریدا، کەواتە لەپێشترە بۆ ئەوەی هەموو خەڵک شەریعەت ببێتە حوکمڕان و بەڵگە لەسەریان. (شاطبی)یش ڕەحمەتی خوای لێبێت لێرەدا شەریعەتی بە هاومانای قورئانی پیرۆز بەکارهێناوە بەهەمانشێوە لەو چوارچێوەیەشدا وشەی تەورات لەبری شەریعەت بەکاردەهێنرا.

پێنجەم : حوکمڕانی بەو مانایەی چەمکێکی وروژێنەرە

هەرچۆن ئەو چەمک و گۆڕانکارییانە بەدەرکەوتن لەلایەن گرووپەکانی کاری ئیسلامی کە لەم دواییانەدا لە زۆرێک لە وڵاتانی جیهان، دەستیان کرد بە بەرزکردنەوەی دروشمی "حوکمڕانی خوایی الحاکمیة الإلهیة" و بەو ناوەوە هەنگاویان دەنا بۆ گرتنەدەستی دەسەڵات و جەختیان لەوە دەکردەوە کە ئیسلام لەسەر ئەم بۆچوونە دامەزراوە، یاخود پابەندە بەم ئاراستەیەوە؟!

ئەم بزاوتە ئیسلامیە هاوچەرخانە بریتین لە دریژکراوەی هەمان ئەو بزاوتە شۆڕشگێڕ و جیهادیانەی پێشووتر، ئەو بزاوتانەی کە پێشەوایەتی کارنامەی ئازادکردنی چەندین هەرێمی گەلانی جۆراوجۆری موسڵماننشینیان کرد لە بێباوەڕانی داگیرکار و ئەو دوژمنکاریانەی کرایە

سەریان، ئەو بزاوتانە هەموو وزە و هێز و تواناکانی گەلیان بەکاردەهێنا و
سوودیان وەردەگرت لە گشت کەلەپوورە فیکری و رۆشنبیرییەکان بۆ
هاندانی ئەم گەلە بۆ تێکۆشان و رووبەرووبوونەوە، لەهەمانکاتدا توانی
ریزەکانی یەکبخات تا بتوانێت سەرکەوێت بەسەر دوژمنەکانیدا و
خاکەکەی رزگار بکات و سەروەری و سەربەزی بگەڕێنێتەوە بۆ گەلەکەی،
تا شوێنی شیاوی خۆی لە ناوەندەکاندا بەدەست بهێنێتەوە.

لەڕاستیدا گەل سەرکەوتنی بەدەستهێنا لەوەدەرنانی بێباوەڕانی
داگیرکار و دەموچاوەکان گۆڕان و حکومەتەکان دامەزران کە ناسرابوون
بە حکومەتی نیشتمانی، سەربەخۆیی بۆ هەمووان یان زۆرینەی ئەو
وڵاتانەی کە لەژێر دەستی داگیرکاردا بوون هاتەدی، سەربەخۆییش
شێوازی جۆراوجۆری هەبوو، سروشتی پەیوەندییەکان لەنێوان ئەو وڵاتانە
و جگە ئەو وڵاتانەش گۆڕانکاریی بەسەردا هات، بەڵام گرووپەکانی کاری
ئیسلامی کە بە درێژکراوەی ئەو بزاوتە پێشەنگ و سەرمەشقانە
دەژمێردرێت کە زۆرێک لە توانای پێشکەش کرد و قوربانیەکی زۆری دا لە
رێگای گەیشتن بە رزگاربوون، لەناکاو بۆیدەرکەوت هەموو ئەو ئامانج و
دروشمانەی کە لە کاری وروژاندنی گەل و گەڕاندنەوەی کارایی و
کۆکردنەوە و یەکخستنی وزەکان لەپێناو رزگاربووندا بەکاری دەهێنا
بێئاکام کرا، یاخود بەو شێوەیەی کە ئاواتیانبوو بۆیان بێتەدی
بەدینەهات، بۆیە بێهیوابوون وایلێکرد دەست بکاتەوە بە جیهاد و
تێکۆشان بەشێوانی جۆراوجۆر، لەبەر هۆکارو بارودۆخێک کە هەندێکیان

مێژوویین و پەیوەندی بە میراتگیری دەسەڵات و حوکمەوە هەیە و
هەندێکی تریشی دەرهاویشتەی هاوچەرخبوونە و پەیوەندیی بە ماوەی
داگیرکاری و هەژموونی دیدی خۆرئاواییەکانەوە هەیە بۆ دەوڵەت و
حوکمڕانی و دەسەڵات و هێز، بۆیە هەندێک دیدی تایبەتی زاڵ هەبوون بۆ
چەمکی دەوڵەت و نەتەوە، یان هەرێم و چەمکی دەسەڵات، لەڕاستیدا ئەو
چەمک و عەقڵانە سەرلەنوێ دارێژرانەوە دوور لە کاریگەرییە فیکرییەکانی
دیدی ئیسلامی و ڕاگر و تایبەتمەندییە ڕاستەقینەکانی.

لـەم چوارچـێـوەیەدا بزاوتـە ئیسـلامیە هاوچـەرخەکان لـەناوەوە
دەسـتیان کـردەوە بـە تێکۆشـان و بـەرخۆدان، وەک هەوڵـدانێک بـۆ
بەدەستهێنانی ئەو ئامانجانەی کە باوباپیران لە پێناویدا شـەهیدبوون،
ئیتر لە جەزائیر بێت، یان لە میسر، یان لـە هیندستان، یان لـە عێـراق،
یاخود لـە هـەر وڵاتێکی تـری ئیسـلامی، ئـەم بزاوتانە بۆیان دەرکـەوت
خواست و ئامانجەکانی گەل شکستی پێهێنراوە، بەڵام ئەمجارەیان لەسـەر
دەستی کەسانێک کە نەوەی ئەم وڵاتەن، بۆیە دەبێت سەرلەنوێ هـەوڵی
گەڕاندنـەوەی ڕۆڵ بـۆ گـەل بگێڕدرێتـەوە و جارێکی تـر ڕیزەکانی
ڕێکبخرێتـەوە بـۆ نۆڕەیـەکی تـازەتری تێکۆشـان و بـەرخۆدان، بـۆ
بەدەسـتهێنانی ئامانجـە سـەرەکییەکانی گـەل، کـە مەبەسـت لێـی
بەدەستهێنانی یـەکێتی گـەل و ئـازادبوونی و بەجێهێنانی سـەربەخۆیی
ڕۆشنبیریی و یاسایی و چەندین شتی تریش، ئەو بزاوتانە پەنایان برد بۆ
سـوودوەرگرتن لـەو سـەرمایە فیکریـی و ڕۆشـنبیرییانەی بزاوتـە

ئیسلامیەکانی پێش خۆیان و بەکارهێنانیان لە زۆر کاروباری جۆراوجۆردا،
کە هەنـدێکیان مەبەسـت لێـی وروژانـدن و گەڕاندنـەوەی کاریگەرییـە،
هەندێکی تریشیان مەبەست لێی دۆزینەوەی ئەو هێزە کاریگەرەیە کە
توانای هـەبێت بۆ گۆڕانکاری بە ئاڕاستەی ئەو ئامانجە گەورانەی کە
هەندێکی کەمی نەبێت بەدەست نەهاتووە، چونکە رژێمە میراتگرەکان
کەسانێک کاربەدەستبوون تیایدا نەوەی وڵاتانی موسڵمان بوون و بەهەمان
زمان دەئاخاوتن و خۆیان بە ئەندامی ئەو گەلە دادەنا، بەڵام هـەموو ئـەو
ئامانجانەیان گۆڕییەوە بە ئامانجگەلێکی تازەتر کە مەبەست لێی زیاتر
لکـان و ئاوێتـەبوون بـوو لەگـەڵ ئەوانـەی کـە نـەوەکانی پـێش ئـەمان
تێکۆشانێکی زۆریان کرد تا لـە چەپۆکیان رزگاریان ببێت، بەڵام ئـەمان
بوونە شوێنکەوتەیان لەبواری ئابووریدا، بوونـە شوێنکەوتەیان لـە بواری
رۆشنبیری و فیکری و دامـەزراوە و سیستەمدا، لە ژێر ئـەم بارودۆخەدا
بـانگخوازان هەوڵیانـدا هـەموو چـەکێکی وروژێنـەر و پشتپێبەسـتراو
بخەنەگەڕ، یەکێک لەوانە کە خرایە گەڕ ئەو دەسەڵاتەی کە ئێستا هەیە و
بووەتە میراتگر، هەرچەندە نازناوی ئیسلامیی هەڵگرتووە و لە ڕواڵەتیشدا
وابەستەیە بە هەرێمە موسڵماننشیینەکانەوە، ئەمانە رژێمگەلێکی جاهیلی
و دەسەڵاتخواز و نەشیاون، لەبنەڕەتیشدا دەسەڵات دەبێت دەسەڵاتی
خوایی بێت، لەگەڵ ئەوەشدا ئەو دەستەو گرووپە ئیسلامیانە نەیانتوانی
بڵێن ئەم رژێمانە دەسەڵاتیان زەوتکردووە، کە ئەمان لەپێشتربوون پێی،
یان دەسەڵات مافی ئەمانە، لەبـەر ئـەوە ناچاربوون ڕێگاچارەیەك یان
شتێک بکەن کە بتوانن خەڵکەکە بەرەو ئەوە ئاڕاستە بکەن و پەیوەستی

بکەن بە باوەڕیان و ئاستی زانیاری و لێهاتووییانەوە، ئەوەبوو بۆچوونی وەک "جاهیلیەت و حوکمڕانی" دەوروژێنرا، کە کاریگەرترین هۆکار بوو کە دەکرا پەنای بۆ ببرێت بۆ بەجێگەیاندنی ئەو کارە.

سەرەتا ئەم حاڵەتە لە پاکستانەوە دەستی پێکرد، کە بە نموونەیەکی باش دادەنرێت بۆ لێکۆڵینەوە لەم بوارەدا، چونکە یەکەم شوێنە کە ئەم بۆچوونانەی تێدا بەدەرکەوت، واتە بۆچوون دەربارەی چەمکی "جاهلیەت" و "حوکمڕانی" لەسەر زاری سەرکردە ئیسلامیەکان، بەتایبەت لەلایەن "ئەبو ئەعلای مەودودی"، چونکە لەو سەردەمەدا پاکستان بەشێک بوو لە هیندستانی گەورە، موسڵمانەکانیش وەک دەسەڵاتدار و گەورەی هیندستان بۆ ماوەی دوو سەدە تیایدا دەژیان تا ئەو کاتەی هێرشی بەریتانیا هات و کردنیە کەمینەیەکی دەربەدەربوون و دەیاننالاندا بەدەست چەندەها شێوازی چەوساندنەوەی ئایینی و ڕەگەزی و زۆر شتی تریش، بۆیە سەرکردە ئیسلامیەکانی ئەو کاتە ناچاربوون بانگەشە بۆ دەوڵەتێکی سەربەخۆ بکەن لە هیندستان، ئەوە بوو پاکستان لەدایک بوو لەچوارچێوەی تێڕوانینی دامەزراندنی دەوڵەتێکی موسڵمان کە پارێزگاری لە موسڵمانەکان بکات و، ئازادییان بۆ بگێڕێتەوە و بتوانن بە ئارامی ژیان بەسەربەرن لە دەوڵەتێکی ئیسلامی سەربەخۆدا، سەرەنجام ئەو دەوڵەتە بە قوربانیدانێکی زۆر دروست بوو، لە سەرەتادا موسڵمانەکان لەگەڵ هیندیەکانی تردا قوربانییاندا بۆ ڕزگارکردنی هیندستان لەدەست داگیرکار، پاشان کاتێک موسڵمانەکان خواستەکانیان

له‌ سه‌ربه‌خۆییدا نه‌هاته‌دی، جارێکی تر هه‌ولّیاندا خۆیان له‌ ده‌سه‌لّاتی نیشتمانی که‌ له‌ هیندستاندا دامه‌زرا رزگار بکه‌ن و ده‌ولّه‌تێکی تایبه‌ت به‌خۆیان دامه‌زرێنن، هیواخوازبوون ئه‌م ده‌ولّه‌ته‌ ئیسلامی و شه‌رعی بێت و هه‌موو راگره‌ شه‌رعیه‌کانی تێدا به‌رجه‌سته‌بێت له‌چوارچێوه‌ی ئیسلامدا، ئه‌وه‌بوو ده‌ولّه‌ت دامه‌زرا، جیاوازیه‌کی ئه‌وتۆی نه‌بوو له‌گه‌لّ ده‌ولّه‌ته‌کانی تردا، ده‌ولّه‌تێک ده‌ویست هه‌نگاو بنێت به‌ره‌و گرتنه‌به‌ری رێچکه‌ی نه‌ته‌وه‌یی له‌چوارچێوه‌ی زالّبوونی چه‌مکه‌ رۆژئاواییه‌ هاوچه‌رخه‌که‌دا، ورده‌ ورده‌ ئه‌و به‌لّێنانه‌ی که‌ دابووی به‌ خه‌لّک لێیان پاشگه‌زبوویه‌وه‌، سه‌رکرده‌کانی کاری ئیسلامی هه‌ستیان به‌ جۆرێک له‌ خه‌لّه‌تان ده‌کرد، بۆیه‌ ده‌ستیان کرده‌وه‌ به‌ کارکردن بۆ شۆرشی سێیه‌م له‌پێناو گه‌یشتن به‌و ده‌ولّه‌ته‌ی که‌ له‌چوارچێوه‌ی ئه‌و ململانیێ و تێکۆشان و به‌رخۆدانه‌یاندا خه‌ونیان به‌ دامه‌زراندنیه‌وه‌ ده‌بینی، له‌ بواری چاککردنه‌وه‌ی بارودۆخه‌که‌یش چه‌مکی "جاهلیه‌ت و حوکمرانی خوایی" خرانه‌روو له‌ ناوه‌نده‌ ئیسلامیه‌که‌دا.

سه‌ید قوتب نوێنه‌رایه‌تی چۆنیه‌تی هه‌لّسوکه‌وتی له‌گه‌لّ چه‌مکی حوکمرانی و ئه‌و چه‌مکانه‌ی که‌ په‌یوه‌ستبوون پێوه‌ی ده‌کرد، بۆیه‌ ئه‌و به‌ناوبانگترین که‌سه‌ بۆ به‌هێزکردنی ئه‌و چه‌مکه‌ به‌و پێیه‌ی که‌ توانایه‌کی فیکری و نووسینی ناوازه‌ی هه‌بووه‌، هه‌ر له‌و چوارچێوه‌یه‌دا چه‌مکی "جاهلیه‌ت"یش خرایه‌ روو که‌ مه‌به‌ست لێی نازناو بوو بۆ ئه‌و که‌سانه‌ی حوکمیان به‌وه‌ نه‌ده‌کرد که‌ خوای گه‌وره‌ ناردوویه‌تی و رێگاو رێبازی

تریان دەگرتەبەر و بەرنامەی تریان پیادە دەکرد، دەرەنجام خاوەنی هەردوو کتێبی (فی ظلال القرآن) و (معالم فی الطریق) خۆیدا لەقەرەی ئەم دوو چەمکە (چەمکی حوکمڕانی و چەمکی جاهلیەت) لە زۆربەی لێکۆڵینەوە و نووسینەکانیدا، لەڕاستیدا بەتایبەت چەمکی حوکمڕانی کە یەکێکە لە گرنگترین چەمکەکان کە سەید قوتب دوای ئازادبوونی لە زیندان دەربارەی نووسیویەتی، وای بینیوە کە حوکمڕانەکان کاتێک کاروباریان گرتەدەست لە زۆربەی وڵاتانی ئیسلامیدا دوای شۆڕشەکانی ئازادیخوازیی، مافی "حوکمڕانی"یان داوە بەخۆیان کە لە بنەڕەتدا ئەوە مافی خوای گەورەیە و بۆ هیچ کەسێک رەوا نییە شەرعیەتی حوکمڕانی هەبێت مەگەر لەسەر ئەو بنەمایە بێت کە خوای گەورە دایناوە، کە ئەمەش لە چڵەپۆپەی گرنگیدانی تایبەتیەتی بەم چەمکە لە لێکۆڵینەوەکانی ئەم دواییانەیدا بەدەردەکەوێت، بەتایبەت لە کتێبەکانی "معالم فی الطریق" و "مقومات المجتمع الإسلامی"دا، کە تیایاندا ئاماژە بۆ بەدەستهێنانی شەرعیەتی رامیاری هەر حکومەتێک دەکات و پەیوەستی دەکات بە ئەندازەی وابەستەبوونی بە حوکمڕانی خوایی و دەستگرتنی بە مەنهەجی خوایی لە حوکمکردندا، بەڵام دەستی نەبردووە بۆ دریێژەی ئەو حوکمڕانیە و هیچ باسێکی لە چۆنیەتی ئەو حوکمڕانیە بەدریێژی نەکردووە، چونکه ئامانجی ئەو تەنها وەخەبەرهێنانەوە و دروستکردنی هۆشیاریە لەلای گەل کە ئامانجەکانیان لەسەر دەستی ئەو حوکمڕانە نەتەوەییانەدا نەهاتۆتەدی و بەردەوام لەگەڵ بوونی سەربەخۆییشدا تۆمەتبارە بە دژایەتیکردنی ئایین و بیروباوەڕ و دیدی ئیسلامیی.

لەڕاستیدا سەید قوتب چەمکی "حوکمڕانی" لە فیکری سیاسی خۆیدا بە پلەیەکی بەرز پێشخست تا ئەو رادەیەی وشەی "لا إلـه إلا الله" لای ئەو بەمانای "تەنها فەرمانڕەوا خوای تاك و تەنهایە"و دەسەڵاتیش هەر بۆ ئەوە، ئەو لەمەدا جیاوازی نەدەکرد لە نێوان مانای "حوکمی خوایی" لە ڕووی حوکمڕانی سیاسی و حوکمڕانی خوای باڵادەست بۆ حوکمکردنی "گەردوون"، یان حوکمکردنی "دادوەری"، بەڵکو ئەمیش بەهەمان شێوەی "مەودودی"ی کرد کاتێ "حوکمڕانی خوایی" ڕووبەڕوو کردەوە لەگەڵ "حوکمڕانی مرۆڤ"دا کە پێچەوانە و ناتەباو دژە لەگەڵ پەرستشی خوایی و خوایەتیکردنی خوای بەرز و باڵادەست بۆ مرۆڤایەتی، هەروەك چۆن مەودودی هەر ڕۆڵێکی تاك و کۆمەڵی لە حوکمڕانیدا هەڵوەشاندەوە جگە لە وەرگرتن لەلایەن خواوە و پاشان جێبەجێکردنی بەو پێیەی حوکمڕان تەنها خوای باڵادەستە، سەید قوتب لەمەشدا بەهەمان شێوەی کرد..لەلایەن کەسانی تریشەوە هەر هەمان شێوە تێگەیشتن هەبوو بۆ حوکمڕانی خوایی کە لە سەردەمی موسادا هەبوو بۆ تێگەیشتن لەم چەمکە، کە لێیەوە وا تێگەیشتوون خوای پاك و بێهاوتا مەملەکەتێکی تایبەتی سازکردووە و یاسا و کتێبی بۆ داناوە، ئەو یاسا و سیاسەتانەش بەشێکی لێکدانەبڕاون لە ئایین و ئیمان و بیروباوەڕ و هیچ جیاوازیەکیش نییە لەنێوان ئەو شتانەی دنیاین و ئەو شتانەی بۆ دواڕۆژن، هەروەها لەنێوان ئەو شتانەی شارستانین و شتانی تردا و زۆرێك لە کاروباری تریش.. ئابەم شێوە تێگەیشتنە لەم تێزە تێگەیشتبوون لەگەڵ ئەوەشدا زۆرێك لە ئیسلامیەکان هەوڵیاندا ئەوەی مەودودی

وتوویەتی و ئەوەی کە سەعید قوتب بۆی چووە لەم بوارەدا، ڕاڤەی بکەن و ڕۆڵی مرۆڤ دیاری بکەن لە تێگەیشتن و وەرگرتن، هەروەها ڕۆڵی لە بواری ئیجتیهادکردندا، بەڵام بۆچوون دەربارەی "حوکمڕانی خوایی" وەک ئەوەی کە لە کلتووری شارساتانیەتەکانی پێشوودا هەبوو تێکشکا، لە پێشیشیانەوە ئەوەی لە "کلتووری جوولەکە"دا هەبوو کە لەهەمان ئەو شێوە تێزەی مەودودی و سەعید قوتب بوو، هیچ کام لەو ڕاڤەکردنانە و ئەو بێدەنگبوونەی لە دۆزینەوەی جیاوازی لەنێوان تێگەیشتن لە ئەم و ئەودا، بەتایبەتی ئەوەی پەیوەستە بە عەقڵی خۆرئاوایی کە هەتا ئێستاش وابەستەیە بە کلتووری تەورات و ئینجیلەوە، هەتا ئێستاش وا دەڕوانێتە ئەو بۆچوونە وەک ئەوەی ئەو بۆچوونە دەستی گرتبێت بەسەر سروشتی مرۆڤبووندا بۆ بەرژەوەندی سروشتی خوایی بوون، ئەمەش بۆچوونێکە وا خۆی دەبینێت کە لەپاش ململانێیەکی دوورودرێژ خۆی لێ دەرباز کردبێت، دەرەنجام هەموو ئەو وێنا نەشیاوانەی لێ داڕنیوە و بەم شێوەیە لێی تێگەیشتووە، لەهەمانکاتیشدا زۆرێک لە ئیسلامیەکان، ئیتر ڕاڤەکاری بۆچوونەکانی ئەو دوو پیاوە بن، یاخود خاوەنی دەستپێشخەری تایبەت بەخۆیانبن، هەستاون بە هەڵێنجانی ئەو چەمکە باوانەی حوکمڕانی و دەوڵەت و بەهاکانی دەسەڵات و شەریعەت لەکاتێکدا ئەوان ئایەتەکانی قورئانی پیرۆز دەخوێننەوە، بەتایبەت ئایەتەکانی سورەتی "المائدة" و فەرموودەکانی پێغەمبەر (د.خ) و ڕاستی ڕووداوە مێژووییەکان، تا ئەو چەمکە هاوچەرخانە لەسەر ئەو دەقانە و لەسەر ئەو ڕاستییانە پەکبخەن، ئالێرەوە ئەو چەمکە بەرەوپرووی ئاڵۆزیەکی زۆر بوویەوەو وای لێهات

پێویستی بە زۆرێك لە كرداری شرۆڤەو شیتەلكردنەوە و سەرلەنوێ
دارشتنەوە هەبێت، تاوەكو بەشێوەیەكی خراپ لە هەموو ئیسلام
تێنەگەن بەهۆی تێگەیشتنێكی خراپ لەم چەمكە.

لەڕاستیدا چەمكی "حوكمڕانی خوایی" بەهۆی ئەو هەولٚ و
راڤەكردنانەی كە ئەنجامدران لەلایەن هەندێك لە نووسەرانی بزووتنەوە
ئیسلامیەكانەوە لە واتاكەی خۆی ترازێنرا تا ئەو رادەیەی نزیككرایەوە لە
وشەی یەكتاپەرستی "توحید"، بەجۆرێك هەموو پێكهاتەكانی
یەكتاپەرستی و پایەكانی بیروباوەڕ وەك "الولاء و البراء"[1] و هەندێ شتی
تریشی پێوە پەیوەستكرا، بۆیە جۆرێك لە خراپ حاڵیبوون و ئاڵۆزبوونی
لە تێڕوانین لەنێو كۆمەڵگای ئیسلامیدا دروست كرد، ئەمەش بوویە هۆی
زیادكردنی هۆكارێكی تری لێكترازان و ململانێ بۆ سەر ئەو هۆكارانەی
تری لێكترازان و ململانێ كە دەرهاویشتەی ئاڕاستەكانی تازەگەری و
نوێخوازییە، بۆیە كرداری سەرلەنوێ رێكخستنەوەی لاپەڕەكان و
راستكردنەوەی بارودۆخەكە لەم بوارەدا بووەتە كارێكی زۆر گرنگ،
هەروەها بۆ ئەوەی ئەم چەمكە بخەینەوە شوێنی گونجاوی خۆی
پێویستە بیر لە كارانێك بكەینەوە كە بە شتانێكی ئاسایی هەژمار
دەكرێن، بەڵام لەڕاستیدا لەم بوارەدا زۆر گرنگە.

---

[1] الولاء والبراء: دوو چەمكی عەقیدەیین بەكورتی مەبەست لێیان دەربڕینی خۆشەوستی و پشتیوانی بۆ موسوڵمانان و بێبەری بون و وازهێنان لە كۆمەكی و دلٚ بەلادا چونی كافرانە. وەرگێڕ

لەڕاستیدا ئایینی ئیسلام لە سەرەتادا بە جیهانی هات، وەك پەیام و
وەك گوتاریش (وَمَا أَرْسَلْنَاكَ إِلَّا كَافَّةً لِّلنَّاسِ بَشِيرًا وَنَذِيرًا وَلَكِنَّ أَكْثَرَ النَّاسِ
لَا يَعْلَمُونَ) (سبأ: ٢٨) واتە: {لـە ڕاستیدا ئـەی پێغەمبـەر (د.خ) ئێمە
تۆمـان ڕەوانـە کـردووە بـۆ سـەرجەم خەلـکی سـەرزەوی لـە هـەموو
سـەردەمەکاندا تـا کۆتـایی دنیـا، مژدەبەخشـیت بـە ئیمانـداران و
بێدارکەرەوەی بۆ هەموو مرۆڤەکان (هـەتا کۆتـایی دنیـا)، بـەڵام زۆربـەی
خەلکی دەرکی ئەم ڕاستیە ناکەن و لێی تێناگەن}، سیفەتی جیهانی‌بوون
لەم پەیامەدا مانایەکی زۆر گرنگ لەخۆدەگرێت ئەویش توانای لەخۆگرتنی
هەموو جیهانە، بەجۆرێك لەناو ئەم پەیامەدا کەسێکی ئاسیایی و ئەفریقی
و هیندی و عەرەبی و تورکی و ئەوروپایی و ئەمریکایی و جگە ئەمانـەش
دەتوانێت هەر پێویستییەکیان هەبێت بۆ ڕێنوێنی و بۆ گەیشـتن بەڕاسـتی
دەستیان بکەوێت، چۆن دەکرێت ئەگەر گوتارێك بۆ تـەنها یـەك نەتـەوە
بێت، دەتوانێت هەموو مرۆڤایەتی لەخۆبگرێت ئەگەر ئەو گوتارە توانـای
نەبێت بۆ لەخۆگرتنی تایبەتمەندییەکانی و هەموو جۆرەکانی ڕۆشنبیری و
پرۆگرامە مەعریفیەکانی؟

لەڕاستیدا هەندێك کەس گومانی هەیە لە سیفەتی گوتاری ئیسلامی،
گومانیان وایە کە تـەنها گوتارێکی عەرەبیـە، ئـەویش لە ڕوانگەی دوو
پرسەوە:

یەکەم: قورئانی پیرۆز بەزمانی عەرەبییە و جگە عەرەب لێی تێناگات، کە پێویستە لەسەر خوێنەر بۆ تێگەیشتن لێی بگەڕێتەوە بۆ بنەماکانی زمانی عەرەبی و قامووس و فەرهەنگە عەرەبییەکان.

دووەم: قورئانی پیرۆز بەستراوەتەوە بە هۆکاری دابەزینەوە کە تایبەتە بە عەرەب، هەروەها پێویستی بە نموونە هەیە کە ئەویش لە ژینگەی عەرەبیدا دەست دەکەوێت، بۆ نموونە: (أَفَلَا يَنظُرُونَ إِلَى الْإِبِلِ كَيْفَ خُلِقَتْ) (الغاشية: ١٧) واتە: {ئایا ئەو خەڵکە سەرنجی وشتر نادەن کە چۆن دروستکراوە}، هەروەها لە ڕووی کلتوورەوە لە پرسێکی وەک منداڵ هەڵگرتنەوە و بەخشینی نازناوی کەسی هەڵگرو بە منداڵەکە و پرسی فرەژنی و ململانێیان لەگەڵ جوولەکەکانی مەدینەدا، بەهەمانشێوە چیرۆکی پێغەمبەران کە باسیان لێوەکراوە، شوێنەکانیان دەکەوێتە نێوان ڕووباری نیل و فوورات و نیمچە دوورگەی عەرەبییەوە، نەک هەموو جیهان، لەبەر ئەم هۆکارانەیە گووتراوە ئەم پەیامە تەنها تایبەتە بە عەرەبەوە، بەهەمانشێوە گوتاری قورئانی پیرۆزیش تایبەتە بە عەرەب، ئەوەشی کە پەیوەستە بە بڵاوبوونەوەی ئاینیی ئیسلام لە دەرەوەی بازنەی عەرەب بە هۆی فتوحات و جەنگەوە بووە.

ئێمە هەموومان دەرک بە مانای ئەم ئایەتە دەکەین: (وَمَا أَرْسَلْنَاكَ إِلَّا كَافَّةً لِّلنَّاسِ بَشِيرًا وَنَذِيرًا وَلَكِنَّ أَكْثَرَ النَّاسِ لَا يَعْلَمُونَ) (سبأ: ٢٨) واتە: {لە ڕاستیدا ئەی پێغەمبەر (د.خ) ئێمە تۆمان ڕەوانە کردووە بۆ سەرجەم خەڵکی سەرزەوی..}، بەڵام ئایا تا چ ڕادەیەک ئێمە دەتوانین پاڵنەری

ئەم جیهانیبوونە بین و ڕێکارەکانی بۆچوونە پێچەوانەکان ڕەتبکەینەوە؟
لەگەڵ ئەوانەی کە باسمانکرد لەمانەی خوارەوەدا کورت دەبێتەوە:

ئەویش ئەوەیە قورئانی پیرۆز عەرەبییە و وابەستە و ئالودەیە لەگەڵ
ژینگەی عەرەبیدا و گوتارەکە ئاڕاستەی ئەو کراوە، هیچ دەقێکی
دیاریکراویش نییە بتوانێت ئیستیعابی هەموو جموجوڵەکانی مرۆڤایەتی
بکات، لەکاتێکدا ئەم پێش چواردە سەدە دابەزیوە، دوای ئەو ماوەیەش
گۆڕانکاری کۆمەڵایەتی و مێژوویی ڕوویانداوە و هەموو جیهان لە قۆناغی
ژیانی ئاژەڵداری و کشتوکاڵی و ئابووری و سروشتیەوە گواستیەوە بۆ
قۆناغی پیشەسازیی و شۆڕشی فیزیایی و تەکنەلۆجی؟!

لەڕاستیدا سیفەتی جیهانیبوون کە سیفەتێکی تایبەتی قورئانی
پیرۆزە، پرسێکی زۆر گەورە دەوروژێنێت، کە ئەویش پرسێکی
بابەتییانەیە لەسەر ئاستی گشتی و پێویستە عەقڵە موسڵمانە
هاوچەرخەکە ڕوونکردنەوە لەسەر کۆمەڵێک ڕاستی بدات، تا بتوانێت
ڕووبەڕووی ئەو لۆجیکە ببێتەوە کە پشت دەبەستێت بەو پێکهاتانەی کە
باسمانکرد، لەڕاستیشدا بەرپرسیارێتی خستنە ئەستۆی گوتاری
ئیسلامیی هاوچەرخ بۆ چارەسەرکردنی پرسی نەتەوەیی کە ئێستا
ڕووبەڕووی عەرەب بووەتەوە، ئەویش قوڵکردنەوەی ئەو دیدە هەڵانەیە.

بەرپرسیارێتی خستنە ئەستۆی ئیسلام بۆ چارەسەرکردن و
چاککردنی ئەم دۆزە ناوچەیی و ژینگەییە و هەموو ئەو نەهامەتیانەی

تووشی موسڵمانان بووەتەوە، کە دەرەنجامی لادانیانە، ستەمێک لە ئیسلام دەکرێت، چ ستەمێک! لەکاتێکدا موسڵمانان رووبەرووی خراپترین و مەترسیدارترین هێرش بوونەتەوە رێگەپێدراون بۆ بەکارهێنانی هەر جۆرە چەکێک کە لەبەردەستدا بێت، بەڵام ناکرێت خودی ئیسلام بکرێتە هۆکار و کاڵایەك لە کاڵاکانی ململانێکە، چونکە ئایینی خوای باڵادەستە و پەیامەکەی بۆ هەموو مرۆڤایەتیە، پێویستیشە تایبەتمەندییەکانی ئەم ئایینە لەنێو گشت خەڵکیدا بڵاوبکرێتەوە، گرنگترینیان:

۱– قورئانی پیرۆز ئەگەرچی وشەکانی بە زمانی عەرەبی دابەزیوە، بەڵام لە ماناکەیدا رەهایە، پانتاییەکی گشتگیر و کۆکەرەوەیە لە ئاستێکی هەمەلایەنەدا بۆ گەردوون و جموجۆڵ و پەیدابوونی، لەنێو ئەوانەشدا هەماهەنگبوونە ژیاریی و مەعریفیەکانیش کە لەدوای ئەوەوە هاتوون.

۲– پەیوەندی قورئانی پیرۆز بەو ژینگە عەرەبییەی کە تیایدا دابەزیوە، پەیوەندییەکی رەهاییبوون لەگەڵ رێژەییبووندا، سنووردارکراو لەگەڵ سنووردارنەکراو، دیاریکراو لەگەڵ دیارینەکراو، فەرموودەکانی پێغەمبەریش هەڵدەستێت بە رۆڵی روونکەرەوە بەجۆرە پرۆگرامێک کە رەها قورئانییەکان پەیوەست دەکات بە واقیعە رێژەییەکەوە.

۳– گوتاری قورئانی دەقێکی دیاریکراو و کۆتا نەهاتووە لەسەر ئاستی واتاکان و لقەکانی، ئەگەرچی لەسەر ئاستی وشەکان دەقێکی دیاریکراو و کۆتا هاتووە.

٤- دابەزینی قورئانی پیرۆز پێش چواردە سەدە دوو تایبەتمەندیی
لەخۆدەگرێت: زاڵبوون و پەیبردن بە سەردەمەکانی پێش خۆی و توانای
لەخۆگرتن و خۆگونجاندنی لەگەڵ ئەو سەردەمانەی کە دواتر دێن، کەواتە
دانپیانەرو و هەژموونداره بەسەر ئەوانەی پێشوودا و زاڵ و بەتوانایە بۆ
لەخۆگرتن و تێپەڕاندنی ئەو شتانەی کە دواتر دێن، کەواتە جیهانیبوونی
ئیسلام بە تێگەیشتن لە تایبەتمەندییەکانی قورئان دەستپێدەکات، کە
گوتارە جیهانیبوونەکەی توانای لەخۆگرتن و لەهەمانکاتیشدا توانای
تێپەڕاندنی ئاڵۆزییەکانی گشت شێوازە ژیاریی و سیستمە مەعریفی و
هەستیەکانی هەیە، نەك تەنها لە رابردوودا، بەڵکو لە ئێستا و لە
دواهاتووشدا، نەك تەنها بۆ عەرەب و گەلە جۆراوجۆرەکان کە باوەڕیان
پێ هێناوە لە کاتی یەکەم چریکەی هەڵهاتنیەوە لەنێو گەلانی جیهانی
کۆندا، لە فارسەکان، هیندییەکان، تورکەکان و جگە ئەمانە و گەلانی
تریش، بەڵکو بۆ هەموو مرۆڤایەتی، ئەوان بەو جۆرە لێی تێگەیشتبوون
کە دەسەڵاتدارییەکەی هاوتایە لەگەڵ هەموو گەردووندا، بەڵام ئێمە
لێناگەرێین تا ئەو هەوڵە پێویستە بە یەك گوژمە تەواو ببێت، بۆیە
تایبەتمەندیی جیهانیبوون لەگەڵ دەرکەوتنی لە قورئانی پیرۆزدا و لەگەڵ
ڕەوڕەوەی مێژووی ئیسلامیدا، تائێستا نەکراوەتە پرۆگرام، یاخود بە
پرۆگرامکردن، بەڵام جیهانیبوون و کۆتایهاتنی پێغەمبەرایەتی و
دەسەڵاتداریتی قورئان، هەموویان تایبەتمەندییەکی لێکئاڵنراون و یەکتری
بەهێز دەکەن، هەر تایبەتمەندییەکیان گوزارشت لەوی تر دەکات، ئەگەر

پلەبەندی بۆ بکرێت بە پلەبەندیـەکی دروسـت و رێـک (لـە رووی هـزر و مەعریفەوە) بەم شێوەیەی خوارەوە:

أ– بۆ ئەوەی گوتارەکە جیهانی بێت، ئەوا پێویستمان بە "کۆتایی هاتنی پێغەمبەرایەتی"یە، ئەویش بۆ یەکخسـتنی رووگـەی مرۆڤایـەتی، ئـەوکات رێگا لە فرە بەدوای یەکدا هاتنی پێغەمبەرایەتی دەگیرێت و دواتریش رێگا لە روودانی سرینەوە و دژبەیەکبوون و پەرتبوون و جیاوازبوون دەربارەی ئـەو پێغەمبـەرایەتیانـە دەگیرێـت، بـا مرۆڤ خوێنـدەوارەکانیش بەرپرسیارێتی سەرشانی خۆیان هەڵبگرن.

ب– بۆ ئەوەی گوتارەکە جیهانی بێـت، پێویستە قورئانی پیرۆز رزگار بکەین لەو تایبەتمەندیەی کە پەیوەستە بە ژینگەی دابەزینەکەیەوە، هـەر بەمەش فەرمانکرا بە پێغەمبەری خوا (د.خ) و بـە جوبرائیل بۆ دووبارە ریزبەندکردنـەوە بـۆ شـوێنی ئایەتـەکانی قورئـانی پیرۆز، ئـەمـەش وەک سـرووش و هەماهـەنگی لەسەردەسـتی پێغەمبـەری خـوا (د.خ) پێـش گەشتنەوەی بە یاوەری بەرز و بڵندی خۆی، بەمەش ئەوە روون دەبێتەوە کە کامە لە ئایەتەکان رەهایە و کامەیان رێژەییە.

ت– بۆ ئەوەی گوتاری قورئانی جیهانی بێت پێویستە ئەو شەریعەتانەی تایبەت و پەیوەستن بە گەل و نەتەوەیەکی دیاریکراوەوە نەسخ ببنـەوە، کـە بـریتین لـە شـەریعەتگەلێکی پـڕ گـریڵ و کۆتوبەند، تـا شـەریعەتە گشتیەکەی قورئـانی پیـرۆز بخرێتـە جێگـای کـە دەگونجێت لەگـەڵ

پێداویستیەکانی هــەموو کۆمەلگەکانی جیھاندا، هـەروەھا لـە دووتوێیدا هـەلگری توانای گشتگیری و گشتیبوونی تێدایـە تا ببێتـە ھاوبەشێکی مرۆڤانـە و شیاو بۆ جێبـەجێکردنی لـە هـەموو شـوێنە جۆراوجۆرەکانی جیھاندا، شەریعەتێکە راوەستاوە لەسەر ئاسانکاری و بـەزەیی و سۆز و، رێکخستنی جولـەی مرۆڤـەکان لەچوارچێوەی دەستپاکی و جێنشینی و ئاوەدانکاری و تاقیکردنەوەدا.

پ— بۆ ئەوەی گوتارەکە جیھانی بێت، پێویست دەکات دەقـە زمانەوانیـە دیاریکراوەکان واتایەکی رەھا لەخۆبگرن، کە دواتر ئاشکرا دەبن لەرێگەی دۆزینـــەوەی "مەنھـــەجییبوونی مەعریفیانـــەی قورئـانی پیرۆزەوە" لەچوارچێوەی "یەکبوونە بنیاتنەرەکەیەوە".

کاتێک ئێمـە بـەم راستیـە گرێدراوانـەوە هـەنگاو دەنێین بەوپێیـەی ئەمانـە گریمانـەی زانسـتی و بابـەتین و پەیوەسـتکردنیان جـەخت لـە جیھـانیبوونی گوتـارە ئیسـلامیەکە دەکەنـەوە، لەراستیدا هەندێک لەو تایبەتمەندیـە قورئانیانـەمان بۆ دەردەکەوێت کە بریتین لـەو شتـە هەستپێکراوانەی کە لەبەردەستماندان، بەلاّم پێشتر ئاوڕمان لە جێکەوتـە مەنهەجیەکانی نەداوەتەوە، بۆ نموونە: کۆتـایی هاتنی پێغەمبەرایـەتی، شەرعیبوونی ئاسانکاری و بـەزەیی و سۆز، دەسەلاّتدارێتی رەھای قورئـان بـە هـەموو مانـا مرۆییەکانیـەوە، هاتنـەوەی لەگـەلّ هـەموو سـەردەم و شوێنەکاندا، بۆیە گوتاری مێژوویی لە قورئانی پیرۆزدا کە یەکەمجار بـە حالّەتە خێزانیەکە دەستپێدەکات و باسی ئادەم دەکات: (وَقُلْنَا يَا آدَمُ

103

اسْكُنْ أَنتَ وَزَوْجُكَ الْجَنَّةَ وَكُلاَ مِنْهَا رَغَداً حَيْثُ شِئْتُمَا وَلاَ تَقْرَبَا هَذِهِ الشَّجَرَةَ فَتَكُونَا مِنَ الظَّالِمِينَ) (البقرة: ٣٥) واته: {ئینجا به ئادهممان وت: له ئێسته به دواوه تۆو هاوسهرهکهت لهو بهههشتهدا نیشتهجیٚ بن ، جا لهویٚ حهز له چی ده‌کهن، لهکویٚدا سهیران ده‌کهن ئاره‌زووی خۆتانه، هه‌روه‌ها بۆتان ههیه له ههرچی به‌روبومی بهههشته سودوه‌رگرن و به تێروته‌سه‌لی لێی بخۆن، بهڵام نزیکی ئهو دره‌خته مهکهون ، چونکه ئهگهر ئهو سنووره بشکێنن و فه‌رمانی من ئهنجام نه‌ده‌ن، ئهوه ده‌چنه ڕیزی سته‌مکارانه‌وه}، دواتـر پله‌به‌ندیه‌کـه بـه‌کارده‌هێنیٚت تا ده‌ربارهی حاڵه‌تێکی خێڵایه‌تی بدویٚت که فراوانتره له حاڵه‌ته خێزانیه‌که: (يَا بَنِي إِسْرَائِيلَ اذْكُرُواْ نِعْمَتِيَ الَّتِي أَنْعَمْتُ عَلَيْكُمْ وَأَوْفُواْ بِعَهْدِي أُوفِ بِعَهْدِكُمْ وَإِيَّايَ فَارْهَبُونِ) (البقرة: ٤٠) واته: {ئهى نهوهى ئیسرائیل! ئێوه حهق وایه ههمیشه‌و به‌رده‌وام یادی ئهو ناز و نیعمه‌تانه بکهنهوه که ڕشتومه به سه‌رتاندا ، لهبه‌رئهوه داواکارم که بهوهفا و به ئهمهك بن بهرامبـهر ئهو پهیمانهی که لێمه‌وه‌رگرتوون که خواناس و دیندار‌بن تا منیش وهفا بکـهم به پهیمانه‌کهم، جا بۆ ده‌سته‌به‌رکردنی ئهو بهڵێنانه، ئێوه ههمیشه و به‌رده‌وام له مـن بترسن و حسابی جدی بۆ ههڕه‌شه‌کانی من بکهن}، پاشان به‌رده‌وام ده‌بیٚت تا گوتار لهگهڵ حاڵه‌تێکی تری هۆزگه‌رایی بکات که زۆر فراوانتره له خێزان: (وَكَذَلِكَ أَوْحَيْنَا إِلَيْكَ قُرْآنًا عَرَبِيًّا لِّتُنذِرَ أُمَّ الْقُرَى وَمَنْ حَوْلَهَا وَتُنذِرَ يَوْمَ الْجَمْعِ لَا رَيْبَ فِيهِ فَرِيقٌ فِي الْجَنَّةِ وَفَرِيقٌ فِي السَّعِيرِ) (الشورى: ٧) واته: {ئا بهو شێوه‌یهى که ده‌یزانیت ئێمه قورئانێکمان بهزمانێکی عه‌ره‌بی پاراو له ڕێگهى وهحی و نیگاوه بۆ ڕهوانه کردویت بۆ

104

ئەوەی شارە دێرینەکە و دەوروبەری بێدار بکەیتەوە (کە مەککە و هەموو سەرزەوی دەگرێتەوە) تا ئەو خەڵکە ئاگادار بکەیت لە ڕۆژی کۆبوونەوە گەورە و فراوانەکە کە هیچ گومان لەبەرپاکردنیدا نییە، ئەو ڕۆژە دەستەیەك لەو خەڵکە شایستەی بەهەشت و هەروەها دەستەیەکیش شایستەی دۆزەخ دەبن بەهۆی بەدبەختی و بێ دینی و تاوان و ستەمیانەوە}، (وَأَنذِرْ عَشِيرَتَكَ الْأَقْرَبِينَ) (الشعراء: ٢١٤) واتە: {ئەی محمد (د.خ) جارێ سەرەتا، خزمانی نزیکت، هۆز و تیرەی خۆت بێدار و هۆشیار بکەرەوە بەم پەیامە}، (وَإِنَّهُ لَذِكْرٌ لَّكَ وَلِقَوْمِكَ وَسَوْفَ تُسْأَلُونَ) (الزخرف: ٤٤) واتە: {لەراستیدا ئەم قورئانە یادخەرەوەیە بۆ خۆت و قەومەکەشت لە هەموو ڕوویەکەوە تا پابەندی بن و پەیرەوی بکەن، لە ئایندەشدا پرسیارتان لێ دەکرێت دەربارەی (تەمەنتان، زانستتان، سامانتان، کاتی بێ کاریتان، تەندروستیتان، چیتان تێدا کردووە و چۆنتان بەکارهێناوە؟!} پاشان زیاتر بەرز دەبێتەوە دوای پەیوەستبوون بە هۆز و خزمە نزیکەکانی لە ئاگادارکردنەوەیان تا کەسانی تری دوای ئەوانیش بگرێتەوە، بۆ ئەوەی گوتارەکەی ئاراستەی هەموو مرۆڤایەتی بکات، تا ڕووی گوتاری بکاتە گەل کە زۆر فراوانترە لە هۆز و خێڵ، خوای گەورە دەفەرموێت (هُوَ الَّذِي بَعَثَ فِي الْأُمِّيِّينَ رَسُولًا مِّنْهُمْ يَتْلُو عَلَيْهِمْ آيَاتِهِ وَيُزَكِّيهِمْ وَالْكِتَابَ وَالْحِكْمَةَ وَإِن كَانُوا مِن قَبْلُ لَفِي ضَلَالٍ مُّبِينٍ) (الجمعة: ٢) واتە: {هەر ئەو زاتە خۆی لە نێو خەڵکێکی نەخوێندەواردا کەسێکی لە خۆیان هەڵبژارد و کردی بە پێغەمبەر و ڕابەریان زۆر بەجوانی، ئایەتەکانی قورئانی بۆ دەخوێندنەوە، هەوڵی دەدا کە دڵ و دەروون و کردار و

گوفتاریـان خـاویّن و جـوان بکـات، هـەروەها فیّـری قورئـان و دانـایی و شـەریعەت و بانگـەواز و خۆگرییـان بکـات، هەرچـەنـدە ئـەوان پیّشـتر لـه گـومڕایی و سەرلیّشیّـواوی و سـەرگـەردانی و ستـەمیّکی ئاشکرادا گیریـان خواردبوو﴾، واته: ئەو گەلانەی که پیّشتر نیّـردراو، یان پیّغەمبـەریان بۆ نـەهاتووه، لیّـرەدا لیّـدەگـەڕیّن بۆ ئیمامی شافیعی – بەڕەحمەت بیّت– تـا ئـەو بە ڕوونکردنەوه نـاوازەکەی ئەم دیـاردەیه ئاشکرا بکات، دەفـەرمویّت: "کاتیّ ئـەو بوویه پیّغەمبەر، خـەلّکی دوو پـۆل بـوون، یـەکیّکیان: خـاوەن کتیّبەکان که هـەستان بە گۆڕینی حوکمەکانی نـاو کتیّبەکەیان و بیّباوەڕی بە خوای بـەرز و بالّادەست، بە زمانیـان دروّیان هەلّدەبـەست و تیّکـەلّیان دەکرد بە ڕاستیەکانی خوای بالّادەست، که بۆی ناردبوون، خوای گـەوره بـاسی کافربوونیان بۆ پیّغەمبـەرەکـەی دەگیّڕیّتـەوه و دەفـەرمویّت: (وَإِنَّ مِنْهُمْ لَفَرِيقًا يَلْوُونَ أَلْسِنَتَهُم بِالْكِتَابِ لِتَحْسَبُوهُ مِنَ الْكِتَابِ وَمَا هُوَ مِنَ الْكِتَابِ وَيَقُولُونَ هُوَ مِنْ عِندِ اللَّهِ وَمَا هُوَ مِنْ عِندِ اللَّهِ وَيَقُولُونَ عَلَى اللَّهِ الْكَذِبَ وَهُمْ يَعْلَمُونَ) (آل عمران: ٧٨) واتـه: ﴿هەندیّك لـه حاخامـەکانی جوو، یـاخود قەشەی گاورەکان جۆریّك ئاخاوتن دەکـەن و زمانیـان با دەدەن، گوایه تـەورات و ئینجیـل دەخویّننـەوه، لـه حالّیّکدا ئـەوه فـڕی بـه کتیّبی ئاسمانیەوه نییه، کەچی ئەوانه بیّشەرمانه دەلّیّن: ئەمەی دەیخویّنن هـەر ئـەوەیه که لە لایـەن خوای گـەوره بە موسـا و عیسا دراوه، لەڕاستیشدا ئـەوه وانییـه و دووره لـەو تـەورات و ئینجیلـەی که لەلایـەن خـواوه ڕەوانـەکراوه بۆیـان، ئەوانه هـەردەم بـەناوی خـواوه درۆ هەلّدەبـەستن، چاکیش دەزانن که درۆ و بوختان دەکـەن، ئەوانه لەڕاستیدا بەناوی خواوه

بوونەتە کۆسپ لەرێگەی هیدایەتی خەلكیدا﴾، وە ﴿فَوَیْلٌ لِّلَّذِینَ یَكْتُبُونَ الْكِتَابَ بِأَیْدِیهِمْ ثُمَّ یَقُولُونَ هَذَا مِنْ عِندِ اللَّهِ لِیَشْتَرُواْ بِهِ ثَمَناً قَلِیلاً فَوَیْلٌ لَّهُم مِّمَّا كَتَبَتْ أَیْدِیهِمْ وَوَیْلٌ لَّهُم مِّمَّا یَكْسِبُونَ﴾ (البقرة: ٧٩) واته: ﴿هاوار و وەیل و ئاه و نالّە بۆ ئەو کەسانەی کە بە دەستی خۆیان کتێب دەنووسن و پاشان دەلێن: ئەمە کتێبی خوایە و خوای گەورە رەوانەی کردووە تا بەو کارەیان پارەیەکی کەمیان دەست بکەوێت، هاوارو وەیل و ئاه و نالّە بۆ خۆیان و ئەو شتانەی کە بە دەست و خەتی خۆیان دەینووسن، هەروەها هاوارو وەیل و ئاهو نالّە بۆ ئەو کەسابەت و کارەی کە ئەنجامی دەدەن﴾، هەروەها دەفەرموێت: ﴿وَقَالَتِ الْیَهُودُ عُزَیْرٌ ابْنُ اللَّهِ وَقَالَتِ النَّصَارَى الْمَسِیحُ ابْنُ اللَّهِ ذَلِكَ قَوْلُهُم بِأَفْوَاهِهِمْ یُضَاهِؤُونَ قَوْلَ الَّذِینَ كَفَرُواْ مِن قَبْلُ قَاتَلَهُمُ اللَّهُ أَنَّى یُؤْفَكُونَ * اتَّخَذُواْ أَحْبَارَهُمْ وَرُهْبَانَهُمْ أَرْبَابًا مِّن دُونِ اللَّهِ وَالْمَسِیحَ ابْنَ مَرْیَمَ وَمَا أُمِرُواْ إِلاَّ لِیَعْبُدُواْ إِلَهًا وَاحِدًا لاَّ إِلَهَ إِلاَّ هُوَ سُبْحَانَهُ عَمَّا یُشْرِكُونَ﴾ (التوبة: ٣٠ - ٣١) واته: ﴿جولەکە بە هەموو عەقلّیانەوە دەلێن: عوزەیر (کە یەکێکە لە پێغەمبەرانی خوا) کورِی خوایە!! نەسرانیەکانیش بە هەموو عەقلّیانەوە دەلێن: مەسیح کورِی خوایە!! هەر ئەو قسە نادروستە و ئەو بوختانە ناقۆلّایە دەلێن و دووپاتیشی دەکەنەوە، بە دەم و زاریان دەیلێن لەراستیدا ئەو گوفتارە نادروست و سەقەتەیان لە قسەی ئەو کافرانە دەچێت (کە دەیانووت: فریشتەکان کچی خوان!!) دەك بە کوشت بچن و خوا لەناویان بەرێت بۆ بوختانی ناڕەوا و گووفتاری نابەجێیان، (جوولەکە و مەسیحیەکان) بەزۆری حاخام و قەشەکانی خۆیان، وەك خوا تەماشا دەکەن و حسابی خوایان بۆ

دەکەن (کاتێک عەدی کوڕی حاتەم ئەمەی بیستووە لە خزمەتی پێغەمبەردا (د.خ) وتوویەتی: یا رسول الله، کوا نەمدیوە بیانپەرستن، ئەویش فەرموویەتی: باشە، حەلاڵیان لێ حەرام نەدەکردن؟! حەرامیان بۆ حەلاڵ نەدەکردن؟! عەدی وتی: بەڵی ئەی پێغەمبەری خوا، ئەویش فەرمووی: ئەوە جۆرێکە لە پەرستنیان)، هەروەها مەسیحی کوڕی مەریەمیش دەپەرستن، بەمەرجێک هەموویان فەرمانیان پێدراوە کە تەنها خوایەکی تاک و تەنها بپەرستن، جگە لەو زاتە خوایەکی تری بەحەق نییە کە شایستەی پەرستن بێت، پاکی و بێگەردی و ستایش هەر شایستەی ئەو زاتەیە کە بەتەواوی دوورە لەو حاڵەی کە ئەو نەفامانە ئاوا بە گێلی شەریك و هاوەڵی بۆ بڕیار دەدەن، (هەندێ لە پێغەمبەرانی خوا بە کوڕی ئەو زاتە ناوزەد دەکەن!!}، دیسان دەفەرموێت: (أَلَمْ تَرَ إِلَى الَّذِينَ أُوتُواْ نَصِيبًا مِّنَ الْكِتَابِ يُؤْمِنُونَ بِالْجِبْتِ وَالطَّاغُوتِ وَيَقُولُونَ لِلَّذِينَ كَفَرُواْ هَؤُلاء أَهْدَى مِنَ الَّذِينَ آمَنُواْ سَبِيلاً * أُوْلَئِكَ الَّذِينَ لَعَنَهُمُ اللّهُ وَمَن يَلْعَنِ اللّهُ فَلَن تَجِدَ لَهُ نَصِيرًا) (النساء: ٥١ – ٥٢) واتە: {ئایا سەرنجت نەداوە لەوانەی کە کتێبی ئاسمانیمان پێ بەخشیون، کەچی باوەڕیان بە فاڵچی و جادووگەر و بت و پەیکەر و شەیتان ....هەیە، وە دەربارەی کافرەکانی تر دەڵێن: ئەوانە ڕێباز و ئاینێکی ڕاستتر و پەسەندتریان گرتووە، تا ئەوانەی کە شوێنی محمد (د.خ) کەوتوون و ئیمان و باوەڕیان بە ئاینی ئیسلام هێناوە!!، ئا ئەوانەی ئەوە بیروباوەڕ و هەڵوێستیانە لە جوولەکە و هاووێنەیان، ئەوانەن کە خوای گەورە نەفرینی لێ کردوون و لە سۆز و

ره‌حمه‌تی خۆی بێبه‌شی کردوون، جا ئه‌وه‌ی که‌ خوای گه‌وره‌ نه‌فرینی لێ
بکات، نابینیت که‌س هاوکاری بکات و پشتیوانی لێ بکات}.

پاشان ده‌گوازێته‌وه‌ بۆ دیاریکردنی پۆلی دووه‌م: پۆلی بێباوه‌ڕان به‌
خوای گه‌وره‌، ئه‌م پۆله‌ شتانێکیان داهێنا که‌ خوای گه‌وره‌ رێگای
پێنه‌داوه‌، به‌ده‌ستی خۆیان له‌ به‌رد و ته‌خته‌ په‌یکه‌رێکی په‌سه‌ندکراویان
ده‌کێشا و ناوێکیان لێده‌نا، ئه‌گه‌ر دواتر شتێکی تر به‌لایانه‌وه‌
په‌سه‌ندبوایه‌ ئه‌وی پێشوویان فرێ ده‌دا و به‌ده‌ستی خۆیان دانه‌یه‌کی
تریان ساز ده‌کرد و ده‌یانپه‌رست، ئه‌مانه‌ش عه‌ره‌به‌کان بوون، هه‌ندێکیش
له‌ هۆزه‌ عه‌جه‌مه‌کان هه‌مان رێگایان گرته‌به‌ر و ئه‌وه‌ی به‌لایانه‌وه‌
په‌سه‌ندبوو له‌ نه‌هه‌نگ و چوارپێ و ئه‌ستێره‌ و ئاگر و شتی تریش
ده‌یانپه‌رستن، خوای بالاده‌ست بۆ پێغه‌مبه‌ره‌که‌ی وه‌لامی هه‌ندێك له‌وانه‌
ده‌داته‌وه‌ که‌ جگه‌ خوایان په‌رستووه‌ له‌م پۆله‌ خه‌لکانه‌، خوای گه‌وره‌
له‌سه‌ر زاری ئه‌وان بۆ پێغه‌مبه‌ره‌که‌ی ده‌یگێڕێته‌وه‌ و ده‌فه‌رمووێت: (وَكَذَلِكَ
مَا أَرْسَلْنَا مِن قَبْلِكَ فِي قَرْيَةٍ مِّن نَّذِيرٍ إِلَّا قَالَ مُتْرَفُوهَا إِنَّا وَجَدْنَا آبَاءَنَا عَلَى
أُمَّةٍ وَإِنَّا عَلَى آثَارِهِم مُّقْتَدُونَ) (الزخرف: ٢٣) واته‌: {هه‌ر به‌و شێوه‌ ئێمه‌
پێش تۆ هیچ پێغه‌مبه‌رێکمان ڕه‌وانه‌ نه‌کردووه‌ بۆ ئه‌و خه‌لکه‌ که‌
خۆشگوزه‌رانه‌کانیان (وه‌کو ئه‌مان) نه‌یان وتبێ، ئێمه‌ باوانمان بینیوه‌
له‌سه‌ر ئاین و بیروباوه‌ڕێکی تایبه‌ت بوون، ئێمه‌ش به‌شوێن ئه‌واندا ده‌ڕۆین
و چاو له‌وان ده‌که‌ین و په‌یڕه‌وی له‌وان ده‌که‌ین!!}، به‌لام پێغه‌مبه‌ری
خوا (د.خ) وه‌فاتی نه‌کرد و نه‌گه‌ڕایه‌وه‌ بۆ لای خوای بالاده‌ست تا ئه‌و

گوتاره مێژووییه خواییه فراوان بوو، پێینایه قۆناغی جیهانیبوون دوای
تێپهڕاندنی قۆناغهکانی خێزان و خێڵ و هۆز و گهل، ئهوهبوو خوای
بالادهست فهرمووی: (يَا أَيُّهَا الَّذِينَ آمَنُواْ إِنَّ كَثِيرًا مِّنَ الأَحْبَارِ وَالرُّهْبَانِ
لَيَأْكُلُونَ أَمْوَالَ النَّاسِ بِالْبَاطِلِ وَيَصُدُّونَ عَن سَبِيلِ اللّهِ وَالَّذِينَ يَكْنِزُونَ
الذَّهَبَ وَالْفِضَّةَ وَلاَ يُنفِقُونَهَا فِي سَبِيلِ اللّهِ فَبَشِّرْهُم بِعَذَابٍ أَلِيمٍ) (التوبة:
٣٤) واته: {ئهی ئهو کهسانهی ئیمان و باوهڕتان هێناوه چاك بزانن که
زۆربهی حاخام و مالومهکانی جوولهکه و قهشه و پیاوانی ئاینی مهسیحی،
مالّ و سامانی خهڵکی بهناحهق دهخۆن و ههوڵیش دهدهن که بهربهست
بخهنه بهردهم ئاینی خوا، بهردهوامیش کۆسپ و لهمپهر دروست دهکهن
لهبهردهم بلاوبوونهوهیدا، جا ئهوانهی که زێڕ و زیو کهڵهکه دهکهن و
قایمی دهکهن و له پێناوی پایهداری و بلاوبوونهوهی ئاینی خوادا
نایبهخشن، ئهوه مژدهی سزایهکی بهئێشیان بدهرێ!}، نموونهی ههمان
ئایهت له سورهتی (الصف)دا هاتووه: (هُوَ الَّذِي أَرْسَلَ رَسُولَهُ بِالْهُدَى
وَدِينِ الْحَقِّ لِيُظْهِرَهُ عَلَى الدِّينِ كُلِّهِ وَلَوْ كَرِهَ الْمُشْرِكُونَ) (الصف: ٩) واته:
{ههر ئهو خوایه، بۆیه پێغهمبهرهکهی ڕهوانه کردووه به هیدایهت و
ڕێنموویی راست و دروست و ئاینی حهق و حهقیقهتدا تا سهری بخات
بهسهر ههموو ئاین و بهرنامهکاندا، ههرچهنده موشریك و هاوهلگهڕان پێی
سهغڵهت بن و پێیان ناخۆش بێت}، له سورهتی "الفتح"یشدا
دهفهرموێت: (هُوَ الَّذِي أَرْسَلَ رَسُولَهُ بِالْهُدَى وَدِينِ الْحَقِّ لِيُظْهِرَهُ عَلَى الدِّينِ
كُلِّهِ وَكَفَى بِاللَّهِ شَهِيدًا) (الفتح : ٢٨) واته: {بێگومان ههر ئهو زاته
پێغهمبهرهکهی ڕهوانه کردووه هاوپێ لهگهڵ هیدایهت و ئاینی حهق و

راستیدا، تا سەری بخات بەسەر هەموو ئاین و ئایدۆلۆژیا و بەرنامەکانی
تردا (لەسەر زەوییەکەیدا)، خوای گەورە خۆیشی بەسە بۆ شایەتیدان و
پشتیوانی و سەرخستنی ئەو ئاینە پیرۆزە (لەگەڵ ئەو هەموو پیلان و
نەخشە سامناك و زەبەلاحانەدا دژ بە ئیسلام و مسوڵمانان، ئاینی خوای
پەروەردگار هەر لە گەشەسەندندایە}، ئەمانە هاوتابوون لەگەڵ پلەبەندی
گوتارە مێژووییە خواییەکە لەگەڵ حاڵەتە تەشریعیە جۆراوجۆرەکاندا،
بۆیە بۆ هەر حاڵەتێکی جیاوازیش تەشریعیێکی تایبەت بە خۆی هەیە، بۆ
هەر پێغەمبەرێك لە پێغەمبەرەکان تایبەتمەندی دیاریکراوی خۆی هەیە و
بۆ هەر یەکێکیان خوای گەورە پرۆگرام و شەریعەتێکی بۆ داناون ^(۱).

هەربۆیە خوای بـاڵادەسـت لـە سـورەتی (المائـدة)دا ئاگادارمـان
دەکاتـەوە لـە پێویستبوونی تێبینیکردنی تایبەتمەندی و جیاکـەرەوە
تەشریعی و مەنهەجییەکان، خوای گەورە دەفەرمووێت: (وَأَنزَلْنَا إِلَيْكَ
الْكِتَابَ بِالْحَقِّ مُصَدِّقًا لِّمَا بَيْنَ يَدَيْهِ مِنَ الْكِتَابِ وَمُهَيْمِنًا عَلَيْهِ ۖ فَاحْكُم بَيْنَهُم
بِمَا أَنزَلَ اللَّهُ ۖ وَلَا تَتَّبِعْ أَهْوَاءَهُمْ عَمَّا جَاءَكَ مِنَ الْحَقِّ ۚ لِكُلٍّ جَعَلْنَا مِنكُمْ شِرْعَةً
وَمِنْهَاجًا ۚ وَلَوْ شَاءَ اللَّهُ لَجَعَلَكُمْ أُمَّةً وَاحِدَةً وَلَٰكِن لِّيَبْلُوَكُمْ فِي مَا آتَاكُمْ ۖ
فَاسْتَبِقُوا الْخَيْرَاتِ ۚ إِلَى الله مَرْجِعُكُمْ جَمِيعًا فَيُنَبِّئُكُم بِمَا كُنتُمْ فِيهِ تَخْتَلِفُونَ)
(المائدة: ٤٨) واتە: }پاشان ئێمە ئەم قورئانەمان نازلکرد بۆ تۆ ئەی
محمد (د.خ) کە هـەموو حەقیقـەت و راستیەکانی لـە ئامێزگرتووە، بە
راستدانەری کتێبەکانی پێش خۆیـەتی و لـەوانیش گرنگتر و پایـەدارترە،

<hr>

^۱ الشافعی، محمد بن إدریس. الرسالە، تحقیق: محمد أحمد شاکر، ص۸.

111

چونکه کۆتا پەیامه هەرکاتێک ئەوان گیروگرفتێکیان بۆ پێش هات و هاتن بۆ لای تۆ، هەر بەو بەرنامەیەی خوای گەوره بۆی ڕەوانه کردوویت داوەریی بکه له نێوانیاندا، هەرگیز شوێن داخوازی و ئارەزووی ناڕەوای ئەوان مەکەوه و لەو حەقه لامەده که پێت ڕاگەیەندراوه، ئێمه بۆ هەرلایەکتان بەرنامه و پرۆگرامی تایبەتیمان داڕشتووه، خۆ ئەگەر خوای گەوره بیویستایه هەر هەمووتانی بەناچاری دەکرده یەک ئوممەتی یەک پارچه، بەڵام خوای گەوره ویستی وایه: که ئازاد بن و بەو ئازادییه تاقیتان بکاتەوه لەو شتانەی که پێی بەخشیون (له تەورات و ئینجیلدا باسی سیفاتی پێغەمبەر (د.خ) و ئوممەتی هاتووه و داوایان لێکراوه هەرکاتێک خوای گەوره ڕەوانەی کرد ئەوان واته جوولەکه و مەسیحییەکان ببنه پشتیوانی) دەی کەواته زۆر بەپەله پێشبڕکێ بکەن لە چاکه و چاکەکاریدا، دڵنیابن که هەر هەمووتان دەبێ بگەڕێنەوه بۆ لای خوا، ئەوکاته هەواڵی تەواوتان دەداتێ دەربارەی هەموو ئەو شتانەی که ئێوه کێشه و ڕای جیاوازتان لەسەری هەبوو﴾، ئەمەش ئاگادارمان دەکاتەوه به پێویستبوونی خوێندنەوەی شەریعەتی ئاییننیەکان لەسەر شێوەی بەرامبەرکردن که پەیوەست بێت به بارودۆخ و قۆناغەکانی ژیانی مرۆڤایەتی و به پلەبەندی گوتاری خوایی لە حاڵەتە خێزانیەکەوه تا دەگاته حاڵەتی گەل، پاشان حاڵەتی ئوممەت و حاڵەتێکی تریش، حاڵەتی گوتاری جیهانی که ئاڕاستەیه بۆ هەموو مرۆڤایەتی، کاتێک که لێدەبینەوه و دەگەینه ئەم کۆتا گوتاره جیهانیه، دەبینین گوتارێکه پشت دەبەستێت به شەرعیەتدان به ئاسانکاری و بەزەیی بۆ هەموو مرۆڤایەتی،

شەریعەتێک هەڵوەشێنەرەوەی هەموو شەریعەتە قورس و زەحمـەت و
کۆتوبەندەکانی پێشووە، بۆ ئەوەی (ئەم شەریعەتە) بتوانێت هەموو
جیهان لەخۆی بگرێت لەچوارچێوەی بوونی کەمترین هاوبەش لە بەهاو
چەمکەکان کە گونجاوبێت بۆ جێبەجێکردن: (الَّذِينَ يَتَّبِعُونَ الرَّسُولَ النَّبِيَّ
الْأُمِّيَّ الَّذِي يَجِدُونَهُ مَكْتُوبًا عِندَهُمْ فِي التَّوْرَاةِ وَالْإِنْجِيلِ يَأْمُرُهُم بِالْمَعْرُوف
وَيَنْهَاهُمْ عَنِ الْمُنكَرِ وَيُحِلُّ لَهُمُ الطَّيِّبَاتِ وَيُحَرِّمُ عَلَيْهِمُ الْخَبَائِثَ وَيَضَعُ عَنْهُمْ
إِصْرَهُمْ وَالْأَغْلَالَ الَّتِي كَانَتْ عَلَيْهِمْ فَالَّذِينَ آمَنُواْ بِهِ وَعَزَّرُوهُ وَنَصَرُوهُ وَاتَّبَعُواْ
النُّورَ الَّذِيَ أُنزِلَ مَعَهُ أُوْلَئِكَ هُمُ الْمُفْلِحُونَ) (الاعراف: ١٥٧) واته: {هەروەها
ئەوانـەی کـە لـە ئاینـدەدا بـاوەڕ دەکـەن بـە پێغەمبـەر و فروستادەی
نەخوێندەوارمان (محمد)، جوولەکە و مەسـیحیەکانیش ناونیشانەکانی
دەبیـنـن کـە تۆمـارکراوە لـە تـەورات و ئینجیلـدا (لەگـەڵ
دەستکارییکردنیشیدا) کە هەندێ سیفاتی ئەوەیە: فەرمانیان پێدەدات بە
چاکە و چاکەکاری، هەرچی شتێکی چاک و پاک و بەسوودە، بۆیان حەڵاڵ
دەکات، هەرچی شتێکی پیس و خراپ و ناپوختە لێیان حەرام دەکات،
ئەرکـە قـورس و سـەنگینەکان لەسەرشانیان لادەبـات، ئـەو کـۆت و
زنجیرانەش کە لە گەردنیاندا بوو لای دەبات، جا ئەوانەی باوەڕی پێ
دەکـەن و پشـتیوانی ئـاین و بەرنامەکـەی دەکـەن و شـوێنی ئـەو نـوورە
دەکەون (کە قورئانە) و بۆ ئەو نازلٌ کراوە، هەر هەموو ئەوانە سـەرفراز و
ڕزگار و سـەرکەوتوون لە هەردوو جیهاندا} .

کەواتە دەبێت هەست بەوە بکەین ئێمە لە بازنەی ئیسلامیدا لەبەردەم گوتارێکی خواییداین، پلە بە پلە هەنگاو دەنێت تا هەموو مرۆڤایەتی بگرێتەوە، هەربۆیە ناکرێت چەمکی "حوکمڕانی" بگەڕێنینەوە تاوەك شێوەی شەریعەتەکانی پێش خۆمانی لێبکەین، چونکە تێگەیشتنی باو بۆ "حوکمڕانی" لەم سەردەمەی خۆماندا و لەچوارچێوەی ئەو پاشخانەی کە باسمانکرد، خۆی دەنوێنێت لە کردەی لەکارخستنی ئەو چەمکانەلەدوای زاڵبوونی دیدی ڕۆژئاوایی و ئەو دیدەی پەیوەست بوو بە دەسەڵات و شەرعیەت و شەرعیەتپێدان و دروستکردنی دەوڵەتی نەتەوەیی لەسەر هەمان دیدی ڕۆژئاوایی، هەروەها زاڵبوونی دەوڵەتی نەتەوەیی لەچوارچێوەی ئەو ئایەتە قورئانیانەی کە دارڕنرابوون لە ناوەرۆك و قاڵبی خۆیان و لەشێوازی وردبوونەوە لێی لەچوارچێوەی (یەکبوونە بنیاتنەرەکانی قورئانی پیرۆز)دا، هەروەها لە چوارچێوەی لێکدانەوەی جیهانیبوونی گوتار و کۆتایی هاتنی پێغەمبەرایەتی و دەسەڵاتدارێتی کتێبی خوادا، لە کاتی باسکردنمان بۆ ئەم بابەتە لەنێو شێوازە تەشریعیەکەیدا، بینیمان حوکمڕانی قورئان شتێکی تڕی جیاوازمان لەم بابەتەدا دەداتێ. ئەوەتا لە "حوکمڕانی قورئاندا" دەردەکەوێت بەرپرسیارێتی مرۆڤەکان لە خوێندنەوە و تێگەیشتن و جێبەجێکردن و دابەزاندن لەسەر واقیعدا روون و ئاشکرایە، هەروەها لە "حوکمڕانی خوایی" ڕەهادا دەردەکەوێت مرۆڤ لێرەدا تەنها وەرگرە، لەسەریەتی هەرچی پێی دەدرێت بەتووندی وەریبگرێت، ئەگەر دوودڵی

تێدا کرد، یاخود دواکەوت ئەوا شاخەکە وەک هەور بەسەریدا دەهەژێت، یان ناچار دەکرێت بەهەر هۆکارێکی تر قەبوڵی بکات.

لەسایەی "حوکمڕانی خوایی" ڕەهادا کە لەناو جوولەکەکاندا لە سەردەمی "مووسا"دا (سەلامی خوای لەسەر) بەربڵاوبوو، خوای گەورە دەسەڵاتی سەرزەوی دابوویە دەست خاوەن سەربازەکان، مەملەکەتێکی پێکەوەنا، هەروەها راستەوخۆ باڵی کێشابوو بەسەر گشت ڕواڵەتە سروشتیەکاندا، بەتەواوی لەدەرەوەی یاسا سروشتیەکان، بەڵام لە "حوکمڕانی قورئانیدا" کارەکە بەو شێوەیە نییە، بەڵکو ئەو کتێبێکی دابەزێنراوە کە هەموو بەها گشتییە هاوبەشەکان لەخۆدەگرێت، پێویستە لەسەر مرۆڤ چاک بزانێت بیخوێنێتەوە، موتاڵای بکات و بیرکردنەوە و تێڕامانی بۆی هەبێت لێی تێبگات و پاشان جێبەجێی بکات.

کەواتە حوکمڕانی لێرەدا (حوکمڕانی قورئان)، وا دەکات حوکمڕانی بەجۆرێک هاوشێوەببێت لەگەڵ ڕۆڵی هاوبەشی نێوان کتێبە خواییەکە و خوێنەرەکانی لە ڕەگەزی مرۆڤ، کە هەر یەکێکیان ڕۆڵی خۆی هەیە لە هۆشیارکردنەوەی مرۆڤ و توانا هۆشیاریەکەیدا.

"ئەوەی بەهۆی قورئانەوە نەتوانرێت لاببرێت خوای گەورەی بەهۆی دەسەڵاتەوە لایدەبات"، لەبەر ئەوە هەردەبێت قورئان بخوێنرێتەوە، وەک ئەوەی حوکمڕانی کردنەکە حوکمڕانی مرۆڤەکان بێت و لە چوارچێوەی خوێندنەوەیەکی ڕەهای کتێبە خواییەکەدا گوزەر بکات و مرۆڤە

جێنشینەکەیش ڕێنماییەکان جێبەجێ دەکات، ئیتر هەر قاڵبێکی ژیاری و هەر شێوازێکی ڕۆشنبیری و هەر بوارێکی مەعریفی هەبێت، پاشان کاتێک تێگەیشتن بۆ حوکمڕانی لەچوارچێوەی پلەبەندیە مێژووییەکەدا بێت (لە حاڵەتی حوکمڕانی خوایی ڕەها لای جوولەکە، بۆ حاڵەتی حوکمڕانی جێنشینی لەلایەن هەندێک لە پێغەمبەرەکانیانەوە، پاشان بۆ دەسەڵاتی پاشایەتی، تا دەگاتە حوکمڕانی کتێبی خوایی کە مرۆڤەکان دەیخوێننەوە و ڕێنوێنیەکانی جێبەجێ دەکەن)، ئەمەش یارمەتیدەرە بۆ ڕامالێنی ئەو تەمومژ و ئەو ناڕوونییەی کە زۆرجار لە ململانێ و بەرەنگاربوونەوەکاندا بووەتە یارمەتیدەر، بەهەمانشێوەش بووەتە پاڵپشت سەبارەت بەکرداری تێکشکاندنی هاوبەش، ئەگەر دیدی ئیسلامیمان بیتوانیایە ئەم دەلاقەیەی بکردایەتەوە — ئەگەر خوای گەورە بیەوێت — نابێتە دیدێکی چەقبەستوو کە لە واقیعە مێژووییەکەدا بسورپێتەوە و بێ توانابێت لە ئاست چارەسەرکردنی کێشەکان کە هەندێکیان پەیوەندی بە چەمکە تەشریعیەکان و واتاکانی دەسەڵات و کۆمەڵگا و پەیوەندیەکانی دەقە قورئانیەکان بە گۆڕانکاریە کۆمەڵایەتی و مێژووییەکانەوە هەیە، هەروەها پەیوەندی بە چەمکە ڕەهاکان لە قورئانی پیرۆزدا و چەمکی گۆڕان و کۆمەڵە و گەل و تەقلید و شوێنکەوتەیی و نوێگەری و نوێبوونەوەوە هەیە.

بناغە لەسەر ئەمە، دووبارە خوێندنەوەی دەقە قورئانیەکان لە چوارچێوەی ئەم تێگەیشتنەدا زۆرێک لەو کێشانە چارەسەرەکانیان

دەخاتە بەردەممان کە ئێستا هەست بە نەتوانینی چارەسەر و تیمارکردنیان دەکەین، موسڵمانی هاوچەرخ دەتوانێت هەست بە بەرپرسیارێتی ئەمانەت و ئاستەنگەکان بکات کە دەدرێنە پاڵ ئەو مرۆڤانەی توانای خوێندنەوە و تێفکرین و وردبوونەوەیان هەیە بەناوی ئەو خودایەی کە دروستی کردین و رێزی گرتین و فێری قەڵەمی کردین، مرۆڤەکانی فێری ئەو شتانە کرد کە نەیاندەزانی، تا هەستن بە ئاوەدانکردنەوە و خواستی خوای کاردروست بۆ دروستکراوەکانی دەستەبەر بکات.

شەشەم: بەرەو دووبارە دارشتنەوەی عەقڵی موسڵمان لە پرسی حوکمڕانیدا

لەوەی پێشەوە بۆمان دەردەکەوێت "حوکمڕانی" شەریعەتەکانی پێش ئێمەشی گرتۆتەوە، ئەگەر بمانەوێت لە هاوکێشەیەکی نوێتردا دایبڕێژینەوە بەم شێوەیەی لێدێت: خوا ← پێغەمبەر (موسا)، یان پێغەمبەری جێنشین (داود)، یان پێغەمبەری مولکدار (طالوت) ← گەل. ئەم جۆرە پلەبەندی کردنە ئاماژەیە بۆ نەبوونی رۆڵی گەل، لەو پەیوەندیەی نێوان خوای گەورە و پێغەمبەردا – ئەمەش رەچاوکراوە لە هەموو حاڵەتەکانی پێغەمبەرایەتیدا– یان لەنێوان شەریعەت و کارپێکردنی لە ژیانی رۆژانەدا – خۆ پێغەمبەر رۆڵی نێوەندگیری

دووسەرە دەبینی لەنێوان خوا و بەندەکاندا و لەنێوان شەریعەت و
دابەزاندنی لەسەر زەمینەی واقیعەکەدا، کە جێگای ئیجتیهادکردنی تێدا
نابێتەوە—.

بەڵام حوکمڕانی لە حاڵەتی کۆتا پەیامدا و لە پاش بەرزبوونەوەی
گیانی پێغەمبەر (د.خ) بۆ لای خوای بەرز و بلّند بەم شێوەیەی خوارەوە
دەبێت: کتێب (قورئانی پیرۆز) ←‎ فەرمانڕەوا ‎← گەل، لێرەدا
چونکە هیچ نێوەندگیرێکی پارێزراو لەهەڵە و تاوان (مەعصوم) نییە لە
نێوان قورئان و فەرمانڕەوادا (بەلانی کەم لە دیدی ئەهلی سوننەوە)،
یاخود لەنێوان فەرمانڕەوا و خەڵکدا، بۆیە دوو بۆشایی دەبینین پێویستە
لەسەر گەل پڕیان بکاتەوە .

١- رۆڵی گەل لە پەیوەندی نێوان کتێب "قورئان" و دەسەڵاتداردا :

پێویستە پێش ئەوەی بڕۆینە درێژەی ئەم بوارە جەخت لە راستیەک
بکەینەوە، ئەویش ئەوەیە – ئێستا – لەسەر ئەم ئەستێرەیە کە زەویە
هیچ کەس مەعصوم نییە، ئەمەش بەپێویستگیراوە هەموو موسڵمانان
بگرێتەوە، ئەمەش لەسەر ئەوەی بینا دەکرێت کە هیچ کەسایەتیەکی
سروشتی یان مەعنەوی بۆی نییە قۆرخی دیدێکی حەقیقەتی رەها بۆ
کۆتا پەیام بکات، دەرەنجامی ئەمەش :

أ– قورئانی پیرۆز لە نێو هەموو موسڵماناندا بڵاوبۆتەوە، هیچ تاقمێکیان بۆی نییە بانگەشەی ئەوە بکات کە تەنها دیدی دروست بۆ قورئان لای ئەوە، بەهیچ شێوەیەکیش بۆی نییە تاقمەکانی تر ناچاری پابەندبوون بکات لەسەر مەزهەبێکی فیقهی یان عەقیدەیی، قورئان دەقێکی پارێزراو و مەعصومە، بەهەمانشێوە پێغەمبەریش (د.خ) مەعصومە، بەڵام کەسەکان کاتێک لەگەڵ دەقەکاندا هەڵسوکەوت دەکەن مەعصوم نین، ئیتر ئەوانە کەسانی سێ سەدەکەی سەرەتا بن یان نا، زۆرێک هۆکاری تریش هەن کارەکتەرن بۆ تێگەیشتن لە دەقەکان، بۆیە مەعصومبوونی دەق، یان گوتار پاشەکشە ناکات لەسەر جۆری تێگەیشتن لای ئەوانەی کاری لەسەر دەکەن، یاخود لەسەر ئیجتیهاد و بۆچوونەکانیان، ئیتر بە تەفسیرکردن بێت، یان تەئویلکردن، یان هەڵێنجان، یان فیقه، بەڵام جۆری تێگەیشتنی ئەوان بە تێگەیشتنێکی مرۆیی دیاریکراو دەمێنێتەوە، تێکەڵ لەگەڵ هۆکارە کەموکورتە مرۆییەکاندا.

ب– قورئانی پیرۆز بڵاوەیکردووە لەنێو زانا موسڵمانەکاندا، ئەوانەی کە کەرەستەی هەڵێنجانیان پێیە، ئیتر سەر بە هەر گرووپێک بن، بۆ هیچ زانا و دەزگایەکی زانستی نییە بانگەشەی قۆرخکردنی حەقیقەت بۆ خۆی بکات، بەتایبەت یەکێک لە ئامانجە بنەڕەتیەکانی قورئانی پیرۆز بریتیە لە بڵاوکردنەوەی هۆشیاری و مەعریفە بە قورئانی پیرۆز، قورئان بۆیە ئاسانکراوە تا ببێتە وەبیرهێنەرەوە (وَلَقَدْ يَسَّرْنَا الْقُرْآنَ لِلذِّكْرِ فَهَلْ مِن

مُدَّكِرٍ (القمر: ١٧) واته: {جا ئیتر ئێمه ئهم قورئانهمان ئاسانکردووه بۆ
تێگهیشتن و تێڕامان و پهند و ئامۆژگاری وهرگرتن، باشه ئایا خهڵکانێک
ههن که دهرکی حهقیقهت و ڕاستیهکان بکهن؟! پهند و ئامۆژگاری
وهربگرن؟!}، ڕۆژانه پێنج جار بههۆی قورئانهوه خواپهرستی ئهنجام
دهدرێت، لهنێو قورئاندا کاهینایهتی و ئیکلیریوسی نییه که ناسراوه به –
بوونی دهسهڵاتی تایبهت، یان نێوهندگیر لهگهڵ خواوهند– که گوایه
ئهوان شتانێک دهزانن خهڵکه گشتیهکه توانای زانینیان نییه، ئهم بۆنهیه
بهگونجاو دهزانم بۆ ئاراستهکردنی رهخنه له بۆچوون دهربارهی
"کۆدهنگی"، بهڵام له روانگهیهکی نوێوه جگه لهو ڕێچکهیهی که "ئهبو
عهباس ئیبن تهیمیه" له کتێبی "المنهاج"دا گرتویهتیه بهر، ههروهها
"ئهبو محهمهد ئیبن حهزم" له کتێبی "الإحکام"، دهبینین چهمکی
"کۆدهنگی" ڕۆحێکی عهلمانیانه خۆی تیادا حهشارداوه، ئهمهی کۆتایی
– بهجۆرێک له جۆرهکان– خهڵکان خۆیان دهبنه مهرجهعیهتی خۆیان،
سهرهنجام ناگهرێنهوه بۆ شتێکی جیاوازتر (سرووش)، بهدیاریکراوی
ئهمهش دهرهنجامی ئهوهیه خهڵک ئهم چهمکهی لهبهرچاو گرتووه و
راستیش به پیاوهکانهوه دهناسرێتهوه نهک پێچهوانهکهی، لهگهڵ
ئهوهشدا قورئانی پیرۆز (ههندێک کهس ههوڵیان دا بهزۆرداری و زۆر
لهخۆکردن تهئویلی ههندێک له ئایهتهکانی بکهن بۆ شهرعیهتدان به
کۆدهنگی)[1] جهخت دهکاتهوه راستی لهخۆیدا ههر راستیه نهک بهوهی

---

[1] بڕوانه گفتوگوی فهخری رازی بۆ ئایهتی: {وَمَن يُشَاقِقِ الرَّسُولَ مِن بَعْدِ مَا تَبَيَّنَ لَهُ الْهُدَى وَيَتَّبِعْ

خـﻪﻟـﮏ ﻛـﯚﺑﻦ ﻟـﻪﺳـﻪﺭﯼ، ﺋـﻪﻣﺎﻧـﻪﺵ — ﻫـﻪﻣﻴﺸـﻪ — ﻫـﻪﺭﭼـﻪﻧﺪ ﺳـﻮﻭﺭﺑﻴﺖ ﻟـﻪﺳـﻪﺭﯼ، ﺋـﻪﻭﺍﻧـﻪ ﺑﺎﻭﻩﺭﺩﺍﺭ ﻧـﻴﻦ، ﺯۆﺭﺑـﻪﻳﺎﻥ ﺑﺎﻭﻩﺭﻧـﺎﻫﻴـﻨﻦ ﺑـﻪ ﺧﻮﺍ ﻭ ﺋـﻪﻭﺍﻧـﻪ ﻫﺎﻭﻩڵـﺪﺍﻧـﻪﺭﻥ ﺑۆ ﺧﻮﺍﯼ ﮔـﻪﻭﺭﻩ !

ﻟﻴـﺮﻩﺩﺍ ﭘﺮﺳﻴﺎﺭﻳـﮏ ﺩﻩﻭﺭﻭﮊﻳﻨﺮﻳـﺖ: ﺋﺎﻳﺎ ﻧﻮﻭﺳـﻪﺭﯼ ﺋـﻪﻡ ﺩﻳـﺮﺍﻧـﻪ ﻣﺰﮔﻴـﻨﯽ ﺑـﻪﺧﺸﻪ ﺑـﻪﻛﺎﻡ ﻳـﻪﻛﻴـﮏ ﻟـﻪﻣﺎﻧـﻪ ﺭﻳـﮋﻩﻳﯽ ﺑﻮﻭﻥ ﻳﺎﻥ ﺳـﻪﺭﺍﭘﺎﯼ ﮔﺸﺘﮕﻴﺮﯼ، ﻳﺎﻥ ﺋـﻪﻭﻩﯼ ﺩﻩﻛـﻪﻭﻳـﺘـﻪ ﺩﻭﺍﯼ ﻧﻮﻳـﮕـﻪﺭﯼ؟ ﻭﻩﻻﻣـﻪﻛـﻪﺵ: ﻧـﻪﺧﻴـﺮ، ﺋﻴـﻤـﻪ ﺩﺍﻭﺍﯼ ﺑـﻪﻧﺎﻭﻩﻧـﺪﻛﺮﺩﻧﯽ ﻗﻮﺭﺋـﺎﻧﯽ ﭘـﻴـﺮﯚﺯ ﺩﻩﻛـﻪﻳﻦ، ﺋـﻪﻭﻩﯼ ﺩﻩﻛـﻪﻭﻳـﺘـﻪ ﺩﻭﺍﯼ ﻧﻮﻳـﮕـﻪﺭﻳـﻪﻭﻩ ﻟـﻪﺑﻨـﻪﺭﻩﺗﺪﺍ ﺑﺎﻭﻩﺭﯼ ﺑـﻪ ﻧﺎﻭﻩﻧﺪﺑﻮﻭﻥ ﻧﻴﻴـﻪ، ﺋﻴـﻤـﻪﺵ ﺑﺎﻭﻩﺭﻣﺎﻥ ﻭﺍﻳـﻪ ﻗﻮﺭﺋـﺎﻧﯽ ﭘـﻴـﺮﯚﺯ ﻛﺘﻴـﺒﯽ ﺧﻮﺍﻳـﻪ ﻭ ﻟـﻪ ﻧﺎﻭﻩﺭۆﻛﻴـﺪﺍ ﺣـﻪﻗﻴﻘـﻪﺗﯽ ﺭﻩﻫﺎﯼ ﻟـﻪﺧﯚﮔﺮﺗﻮﻭﻩ، ﺳـﻪﺭﺍﭘﺎﯼ ﮔﺸﺘﮕﻴﺮﻳﺶ ﺩﻩﻟﻴـﺖ ﺣـﻪﻗﻴﻘـﻪﺕ ﺭﻩﻫﺎ ﻧﻴﻴـﻪ، ﺋـﻪﻭﻩﯼ ﺩﻩﻛـﻪﻭﻳـﺘـﻪ ﺩﻭﺍﯼ ﻧﻮﻳـﮕـﻪﺭﯼ ﻭﺍﺩﻩﺑﻴﻨـﯽ ﻫـﻪﻣﻮﻭ ﮔﻴـﺮﺍﻧـﻪﻭﻩ ﮔـﻪﻭﺭﻩﻛﺎﻧﻴﺶ ﻛﻪ ﺩﻩﻳﺎﻧـﻪﻭﻳـﺖ ﺗـﻪﻓﺴﻴﺮﯼ ﺟﻴﻬﺎﻥ ﺑﻜـﻪﻥ ﺩﺍﺭﻣﺎﻭﻥ ﻭ ﻛﯚﺗﺎﻳﻴﺎﻥ ﻫﺎﺗﻮﻭﻩ، ﺋﻴـﻤـﻪﺵ ﻭﺍﺩﻩﺑﻴﻨﻴﻦ ﻗﻮﺭﺋـﺎﻧﯽ ﭘـﻴـﺮﯚﺯ ﻛﺘﻴـﺒﯽ ﭘﺎﺭﻳـﺰﺭﺍﻭﯼ ﺧﻮﺍﯼ ﮔـﻪﻭﺭﻩﻳـﻪ ﻭ ﻟـﻪ ﻫﻴﭻ ﺷـﺘـﻴـﻜﺪﺍ ﺯﻳـﺎﺩﻩﺭﯚﻳﯽ ﺗﻴـﺪﺍ ﻧـﻪﻛﺮﺍﻭﻩ ﻭ ﺗﻮﺍﻧـﺎﯼ ﺗـﻪﻓﺴـﻴﺮ ﻭ ﮔـﯚﺭﺍﻥ ﻭ ﻭﻩﻻﻣﺪﺍﻧـﻪﻭﻩﯼ ﻫـﻪﺭﻩﺷـﻪﻛﺎﻧﯽ ﻫـﻪﻳـﻪ.

ﻏَﻴْﺮَ ﺳَﺒِﻴﻞِ ﺍﻟْﻤُﺆْﻣِﻨِﻴﻦَ ﻧُﻮَﻟِّﻪِ ﻣَﺎ ﺗَﻮَﻟَّﻰ ﻭَﻧُﺼْﻠِﻪِ ﺟَﻬَﻨَّﻢَ ﻭَﺳَﺎﺀﺕْ ﻣَﺼِﻴﺮًﺍ) ﺍﻟﻨﺴﺎﺀ/١١٥، ﮔﻔﺘﻮﮔﯚﻛـﻪﯼ ﺑـﻪﻟﮕـﻪﻫﻴـﻨﺎﻧـﻪﻭﻩﻳـﻪ ﺑـﻪﻡ ﺋﺎﻳـﻪﺗـﻪ ﻟـﻪﺳـﻪﺭ ﺩﺭﻭﺳﺘﯽ (ﻛﯚﺩﻩﻧﮕﯽ — ﺇﺟﻤﺎﻉ) ﮔﻔﺘﻮﮔﯚﻳـﻪﻛﯽ ﺑـﻪﺳﻮﻭﺩﻩ.

- ﺍﻟﺮﺍﺯﯼ، ﻓﺨﺮﺍﻟﺪﻳﻦ. ﺍﻟﻤﺤﺼﻮﻝ ﻓﻲ ﻋﻠﻢ ﺃﺻﻮﻝ ﺍﻟﻔﻘﻪ، ﺗﺤﻘﻴﻖ: ﻃﻪ ﺍﻟﻌﻠﻮﺍﻧﻲ، ﺑﻴﺮﻭﺕ: ﻣﺆﺳﺴﺔ ﺍﻟﺮﺳﺎﻟﺔ، ١٩٩٢ﻡ، ﺝ٤، ﺹ٣٥-٦٦.

بەم شێوەیە، ئێمە تێڕوانین بۆ "پاش کلتوور" دەکەین، پێشوەخت دەڵێین ئەوەی دوای کلتوور دێت مانای ئەوە نییە "دژی کلتوور بێت"، ئەمەیش هەروەك حاڵەتی پاش نوێگەری (POST- MODERNISM) وایە کە بە مانای (END OF OR ANTI — MODERNISM) دێت. پاشانیش، بانگەوازی ئێمە لەسەر بە ناوەندبوونی قورئانی پیرۆزە (بەبێ هیچ دوودڵییەك لە زاراوەی ئێمەدا قورئان ناچێتە چوارچێوەی کلتوورەوە) بەشێوەیەك بەهۆی قورئانەوە دەڕوانینە کلتوور، نەك بە پێچەوانەوە، بەهەمانشێوە دەبێت هەموو کلتوور لەخوار قورئانەوە بێت بەهیچ شێوەیەكیش لەیەك ئاستدا لەگەڵیدا ناوەستێت، ئەوەی دوای کلتوور دێت بەهەمانشێوە واتە روانین بۆ پێش کلتوور بە چاوی رەخنە و خوێندنەوە و کۆتایی پێهێنانیان هاوڕێ لەگەڵ قورئانی پیرۆز کردنە پێوەر.

ت— لەڕاستیدا دروست نییە هیچ سیستمێکی سیاسی ببێتە دەزگایەکی پەیوەنیدار بە تەفسیرکردنی قورئانی پیرۆز، یان روونکەرەوەی حوکمەکانی، ئیتر ئەو دەزگایە دەزگایەکی قەزایی تەکنۆکرات بێت، یاخود دەزگایەکی ئایینی فیقهی بێت، دەسەڵاتی تەفسیرکردن و تەئویلکردنی هەبێت لە پرسە پەیوەنددارەکان بە شەریعەتەوە.

٢- شێوازی پەیوەندی نێوان دەسەڵاتدار و هاوولاتیان:

أ- خیلافەتی ئیسلامی:

لە مێژووی ئیسلامییدا هیچ کات نەبووە خەلیفە دەوڵەتێکی ناوەندی تۆکمە (هوبن)ی بێقرەی بەرێوە بردبێت، بەڵکو خیلافەت — لە سایەیدا— چەندین بەرزبوونەوە و نزمبوونەوەی بەخۆوە بینیوە، ئەوەش وایکردووە لە زانایانی بواری سیاسەتی شەرعیی —خوا گۆرپیان پر نوور بکات— جیاوازی لەنێوان ئیمارەتی شیاو و ئیمارەتی سەپێنراودا بکەن، یەکەمیان خەلیفە ئەو کەسەی بەلایەوە شیاوبێت بۆ شوێنەکە دیاریی دەکات، دووەمیان خەلیفە برپاری لەسەر دەدات و دیاری ناکات، ئەمەش وایکردووە مشتومر لە پرسی بوونی چەند خەلیفەیەك لە یەك کاتدا بکەن، واتە دروستە یان دروست نییە موسڵمانان خەلیفەیەك یان زیاتریان هەبێت، لەمەدا رای جیاوازیان هەبووە، هەیانە وتوویەتی رێگەپێدراو نییە، چونکە دژی ئەم ئایەتەی خوای باڵادەستە: (وَاعْتَصِمُواْ بِحَبْلِ اللّهِ جَمِيعاً وَلاَ تَفَرَّقُواْ)، هەشیانە وتوویەتی رێگا پێدراوە، چونکە چاکترین کەس کە تێگەیشتبێت لە قورئانی پیرۆز هاوەڵە راستەکانی پێغەمبەرن (د.خ)، کاتێك مەدینەییەکان لە (سەقیفەی بەنی ساعیدە) وتیان بە موسڵمانەکانی مەککە: "با یەکێك لە ئێمە و یەکێکیش لە ئێوە ئەمیر بێت"، ئەمەش ئەوە دەگەیەنێت رێگەپێدراوبێت.

123

لــه‌ فیقهــی سیاســی ئیســلامیدا، وه‌ك ئــه‌رك، ده‌ســه‌لّات حــوكمی واجببوونی هه‌یه‌، هه‌روه‌ها به‌ خوێندنه‌وه‌ی بۆچوونه‌كانی فیقهی ئیسلامی بۆ ده‌سه‌لّات، ده‌بینین بۆچوونه‌كان لێك نزیكییان هه‌یه‌ كه‌ تیایدا ده‌وڵه‌ت به‌هاوتای سیاسه‌ت هه‌ژمار ده‌كرێت وه‌ك لای (هیگڵ)، یان ئه‌و بونیاده‌یه‌ كه‌ هه‌وڵده‌دات چین و توێژه‌كان لێك نزیك بكاتـه‌وه‌ وه‌ك بۆچوونی (فیبر)، ئه‌وه‌ش بۆچوونێكه‌ ته‌واو پێچه‌وانه‌یه‌ له‌گه‌ڵ تێروانینی ماركسیدا كه‌ ئه‌و ده‌وڵــه‌ت لــه‌وه‌دا ده‌بینیّت ده‌ره‌نجامێكـه‌ بـۆ زاڵبوونی چینێك به‌سه‌ر چینێكی تردا (ماركس)، ئه‌مه‌ش ڕووبه‌ڕووبوونه‌وه‌یه‌كی زۆر سه‌خته‌ له‌گه‌ڵ تێڕوانینی ده‌سه‌لّاتنه‌خوازی كلاسیكی (باكونین).

ئه‌وه‌ی له‌ مێژه‌وه‌ ناوی "ده‌وڵـه‌تی خیلافـه‌ت"ی لێنراوه‌، ده‌كرێت پێناسه‌ی بكه‌ین بـه‌وه‌ی بونیادێكه‌ گه‌لێك لـه‌خۆ ده‌گرێت و ده‌ســه‌لّاتێك حوكمی ده‌كات بـه‌ڕه‌وادانان و بـه‌كارهێنانی تووندوتیژی قۆرخكردوه‌ بۆ خۆی، هیچ وابه‌سته‌یه‌كی ڕوونیش نییه‌ په‌یوه‌ستی بكات به‌ پارچه‌یه‌كی جـوگرافی دیـاریكراوه‌وه‌، ئه‌مــه‌ش بونیادێكـه‌ به‌شـێوه‌یه‌كی ئاشـكرا پێچه‌وانه‌یه‌ له‌گه‌ڵ چه‌مكی ده‌وڵه‌تی نوێ لـه‌ ئیستادا به‌وپێیه‌ی ده‌وڵـه‌ت پێناسه‌ ده‌كرێت به‌وه‌ی دامه‌زرێت له‌سه‌ر پارچه‌یه‌كی جوگرافی دیاریكراو، له‌ زه‌وی و ئاسمان و ده‌ریا و قابیلی زیادكردن نییه‌، به‌لّام ئه‌م بونیاده‌ وادیاره‌ پایه‌كانی له‌ ئێستادا ڕووبه‌ڕووبوونه‌وه‌ی ده‌بیّت له‌گه‌لّمان، دیاره‌ ئـه‌میش نموونه‌یـه‌كی هاوشـێوه‌ی ده‌وروبه‌ره‌كه‌یـه‌تی، چـونكه‌ هـه‌موو ئیمپراتۆره‌كان فراوانخـواز بـوون و قـابیلی زیادكردن بوون و هه‌ندێكیان

داویانه بەسەر هەندێکی تریاندا، دەکرێت فراوانخوازی -لە خیلافەتی ئیسلامیدا یان لە ئیمپراتۆریەتەکانی تردا- بە پاڵنەری ئابووری یان ئایینی (جەنگەکانی خاچپەرستان) یان پاڵنەری رامیاری (سەرقاڵکردنی سەربازەکان تا هەڵنەسن بە کودەتای سەربازی، یان لە حاڵەتی ئەوەی ئەگەر هەڵنەسم بە فراوانخوازی ئەوا فراوانخوازیم لەسەر ئەکرێت) بووبێت.

بە گوزەرکردنێک بە مێژووی ئیسلامی و واقیعی جیهانی هاوچەرخدا، دەردەکەوێت مەرکەزییەت سەردەکێشێت بۆ دەسەڵاتخوازی و ئۆتۆکراتی و زۆرداری و پەکخستنی بەرژەوەندییەکانی خەڵک، زیادکردنی بیرۆکراتی، ئەمانەش هەمووی لە مەبەستەکانی قورئان نین و ئاوەدانی دەستەبەر ناکات، بەڵکو بوونیشی ئەستەم دەکات، مەگەر لەژیانی خەڵکانێکی تەواو دەربازبوو لە کۆتوبەندی دەسەڵات.

بۆیە، ئێمە تێڕوانینی مێژووییانە بۆ خیلافەتی ئیسلامی رەت دەکەینەوە، بەهەمانشێوە شێوازە جۆراوجۆرەکانی نوێگەری وەک کۆنفیدراڵی (سەنهوری) یاخود کۆمۆنویڵسی (مالك بن نبی)، کەواتە بوونی یەک جۆر رۆشنبیری بۆ گەل دەبێتە بنەڕەت و ڕاگر، دروستیش نییە دەسەڵاتخوازی بکرێتە یەکێك لە دیاریکەرەکانی.

ب – دەولّەتی نوێ :

لە پێناسەکەیەوە دەردەکەوێت لەسەر سێ پێکهاتە دادەمەزرێت: گەل، هەرێم، دەسەلّات، پێکهاتەی یەکەم (گەل)، کە لەبنەرەتدا پێکهاتەیەکی رامیارییە (بەپێچەوانەی پێکهاتەی ئوممەت کە بریتیە لە پێکهاتە و چەمکێکی رۆشنبیری)، کە مەرج نییە یەك رەگەز، یان یەك جۆر رۆشنبیری هەبێت، بەلّکو لەرێی کرداری گۆرینەوەی رۆشنبیرییەکانەوە پێکدێت، کە لەنێوان هەموو ئەو خەلّکانەی ناسنامەی ئایینی و نموونە مەعریفیەکانیان جیاوازە، ئێستا خەلّکە موسلّمانانەکە لەچوارچێوەی ئەو دەولّەتەدا دەژین و بەگوێرەی بنەمای هاونیشتمانیبوون مافەکانیان دەستەبەر دەکات و هاوولاتی ئەو دەولّەتە پابەند دەکات ئەرکی سەرشانیان بەرامبەر بەبێ ئاوردانەوە بۆ هیچ پاشخانێکی رۆشنبیری، بەو پێیەی هاوولاتیەکە وابەستەیە بەدەسەلّاتەوە و لەبنەرەتدا باج دەداتە دەولّەت، ئەمەش کارێکە خالّیکراوەتەوە لەوەی کە تەنها بەهایەك بێت.

لێرەدا دەکرێت چارەسەر لەبەردەم خەلّکە موسلّمانەکە، یان هەر یەکێك لە گرووپەکان، بە چەند ئەگەرێك بکرێت، لەژێر دەسەلّاتی دەولّەتدا دەربچێت و قەوارەیەکی تر بۆخۆی بنیات بنێت، کە تەنها تایبەت بێت بە موسلّمانەکانەوە، یاخود بوارە گشتیەکە پاوان بکات و بیخاتە ژێر یەك چەترەوە، یاخود بچێتە نێو پێشبرکێیەکی ئاشتیانە لەژێر چەتری بوونی بوارێکی کراوەی گشتی بۆ هەموان، ئەگەری یەکەم وێنەیەکە لە

126

ئەستەمبوون، دووەمیشیان کردارێکی فاشییانەیە، بەڵام سێیەمیان ئەو ئەگەرەیە کە مەیلمان بۆی هەیە و لەگەڵیدا دەبین.

بەمەش ئێمە ئەو چارەسەرە راستدەکەینەوە کە وەستاوە لەسەر زیاتر بەهێزکردنی پایەکانی یەک خوا پەرستن و دانانی بەوەی ئەو هاوبەشەیە کە کۆمەڵگەی بۆ بانگ دەکەین بۆ دەربازکردنی بەندەکان لە پەرستنی خود، یان پەرستنی ئەو قەوارانەی کە خۆیان دایانهێناون بەرەو پەرستنی خوا بەتەنهایی و بەتاقانەزانینی لە پەرستن و پەروەرش و سیفاتەکانیدا، پاشان بانگەوازکردن بە چاکترینی شێوازەکان و گفتوگۆی هەمیشە و بەردەوام، بۆ زیاتر پتەوکردنی پایە هاوبەشەکان و بەرتەسککردنەوەی پرسە ناکۆکەکان، هاوبەشەکانیش لێرەدا پێویستە بەشێوەیەک سەیر بکرێت کە کارێکی هاوبەشە لەنێوان هەموو پێکهاتە و تۆێژەکاندا، تا ئەو شتە گرنگ و پێویست و جوانسازیانەی کەسەر بەو قەوارەیەن پارێزراوبن، ئەوەش بەو پێیەی ئەمانەتێکی بەشکراوە بەسەر هەموو گەلدا، کە باشتر وایە سیّ دەسەڵاتەکە پێی هەستێت و پارێزگاری لێ بکات و هاوسەنگی لە نێوانیاندا دابنێت و رێگەنەدات بە تێکدانی هیچ بەشێک لە بەشەکانی ئەو ئەمانەتە کە ئەمرۆ بە هۆکارە دیموکراتیەکان ناسراوە وەک هەڵبژاردن، کەواتە سندوقی هەڵبژاردن پەسەندە لامان هەروەک پێشینەکانمان قورعەیان لا پەسەند بووە، بەو پێیەی هۆکارێک بووە بۆ گەیشتن بە شتێک کە هەموان پێی رازی بن و جیاوازیەکان نەهێلێت، لەگەڵ لەبەرچاوگرتنمان بۆ ئەو رەخنانەی کە ئاراستەی

دیموکراتیـەت دەکرێن، کە زۆرێك لـه زانایان تێڕوانینیـان بـۆ کردووه، زۆبەشیان کەسانی هاوسۆزی چەپەکان بوون، لـه وێنەی: نعوم چۆمسکی، سـلافوی جیجیك، جاك رانسـیر، بۆیـه پێویسته لەگـەڵ چوونەپێشی دیموکراتیەتدا، دادگـەریی کۆمەڵایەتیش بێتەدی و سـەرجەم گەلەکان بۆیان هەیه میکانیزمی گونجاوی بۆ دیاریی بکـەن، ئیتر لـەرێی نوێنەرایـەتی پەرلـەمانیی، یـان بـه دیموکراتیـەتی کرێکـاری بێـت، یـان لـەرێی ئەنجومەنەکانەوه، یان هەر میکانیزمێکی تر، تا ئەگەر موسڵمانەکان، یان جگه موسڵمانەکان، تـوانییان بگـەنه هۆکارێکی باشترو کاراتر، یان خاڵی له هـەر دەرهاویشتەیەکی لاوەکی بۆمـان هەیه -لەوکاتـەدا- ئـەو هۆکاره بگرینەبەر، دیاره حیکمەتیش ونبووی باوەڕدارانه.

گەلی موسڵمان گەلێکی لوتکەیـه‪‬¹، لەگـەڵ ئەوەشدا ناوەندێك نییـه پێویست بێت هەموو گەلانی تر بەچواردەوریدا بخولێنەوه، هـەروەك چۆن نوێگـەری ڕۆژئـاوا ئەمـەی لەخۆیـدا حەشارداوه، بەڵکو گەلێکـه کارلێك دەکات لەگەڵ هەموو گەلانی تردا لـه کـەش و هەوایـەکی پـڕ لـه گفتوگۆ و ڕەنگاو ڕەنگ و فرەییدا.

<hr>

¹ بەدرێژی سـەیری بکه لـه:

— أبو الفضل، منى، المدخل المنهاجي لدراسة النظم السياسية العربية، قاهرة، دار السـلام، ٢٠١٣م، ص٣٢٣ ، ٣٨٧.

ت – رزگاریکار:

لــه هــهموو ئیسـکاتۆلۆجیهکانهوه (بیروبۆچـوونی پاشـهرۆژی) کـه
تایبهته به هـهر سـێ ئایینه پهیامدارهکه (جوولهکه، مهسیحیی، ئیسلام)،
دهتوانین بیرۆکهی "مههدی چاوهڕوانکراو"، یان مهسیحی رزگاریکار، یان
هـهردووکیان پێکـهوه هـهست پێبکـهین، لهگهڵ ئهوهشدا ئێمه دهبینین
قورئانی پیرۆز ئهم بیرۆکهیه رهتدهکاتهوه و پاڵپشتی ناکات.

لهڕاستیدا نهصرانیهکان لهڕێگای رۆشنبیری زارهکی ئهم بیرۆکهی
رزگاریکارهیان گواستۆتهوه، ئهم باوهڕبوونه به رزگاریکار لهناو جوولهکه
و نهصرانیهکاندا تهشهنهی کردووه، پاشتریش لـهنێو دوورگهی عهرهبیدا
لهپێش هاتنی ئیسلامدا تهشهنهی کردووه (وَكَانُواْ مِن قَبْلُ يَسْتَفْتِحُونَ عَلَى
الَّذِينَ كَفَرُواْ) (البقرة: ٨٩) واته: {..به مـهرجێک پێشـتر بهتهمابوون بـهم
کۆتا ئاینه سـهرکهوتن بهدهست بێـنن بهسـهر کافرو بێ باوهڕاندا..}،
جوولهکهکان به هیوای رزگاریکاری داهاتووهوه خۆیان به سـهرکهوتوو
دهزانی، پاشان نهصرانیهکانیش شوێنیان کهوتن ئهوانیش به رزگاریکاری
داهاتوو خۆیان به سهرکهوتوو دهزانی، کـه ئـهویش گـهورهمان پێغهمبـهر
مهسیحه، لێرهوه بۆچوونی رزگاریکار هاته ناو ئێمهیشهوه.

دهڵێم: ئهگهر تهسـیلم ببین به بۆچوونی رزگاریکار، ئـهی کۆتایی
هاتنی پێغهمبـهرایـهتی چـی لێدێت؟! بۆیـه گرووپـه سۆفیهکان – لـه
پێشیشیانهوه شێخ محیی دین ئیبن عهربی– کاتێک ههستی کرد پرسی

ویلایەت و ئەوەی وتوویەتی دەربارەی لوتکە و کاریگەر و هەندێ شتی تر لەو زاراوانە و پێدانی ئەو دەسەڵاتانەی کە دراونەتە سۆفیە توندگیرەکان بۆی راست نابێتەوە، مەگەر دەمێک بکوتێتە کۆتایی هاتنی پێغەمبەرایەتی، بۆیە وتی: (پێغەمبەرایەتی تەنها لە رووی تەشریعیەوە کۆتایی هاتووە، بەڵام هەموو پێکهاتەکانی تری پێغەمبەرایەتی بەردەوامە و بەبەردەوامی لە وەلیەکەوە بۆ وەلیەکی تر دەگوازرێتەوە تا رۆژی دوایی...) ئەمە لە "الفتوحات المکیة"دا هەیە و لە هەندێک لەو کتێبی تەفسیرانەی کە کاریگەری هەبووە لەسەریان و لێیانەوە گواستراونەتەوە، لەوانە تەفسیری ئالوسی لە سورەتەکانی (النساء ، الإسراء، الكهف، النجم..).

لەلایەکی تریشەوە برا شیعەکانمان .. راستتر شیعەی عەلەوی، واتە ئەوانەی پاڵپشتی گەورەمان عەلی کوڕی ئەبو تالیبیان کرد -خوا لێی رازی بێت-، ئەوەبوو لە دواییدا ئەبو زەڕی غەفاری و چەندینی تر لە گەورە هاوەڵانی پێغەمبەر وایان دەبینی کە پێشەوا عەلی لەبەر ئەوەی لە گەنجێتیدا و لە کاتی لاوی و پێگەیشتنیدا لە ماڵی پێغەمبەردا (د.خ) بووە لەوانەبوو ئەو بەتواناتر بووبێت بۆ هەڵگرتنی ئاستەنگەکانی خیلافەت لە گەورەمان عوسمان -خوا لێی رازی بێت-.. لێرەدا لایەنگرانێک هەبوون بەلایانەوە وابوو کە دەبوو ئەو خەلیفە بوایە، فاتیمەش -خوا لێی رازی بێت- بەهەمانشێوە مەیلی بەلای ئەوەدا بوو، لەکاتێکدا ئەو هاوسەری بوو لە ماڵی باوکیشیدا گەورە بوو بوو.

ئەو قسەیەش کە دەوترێت دەربارەی ئەوەی کە هیچ وابەستەبوونێک
نییە لەنێوان دابەزینی مەسیح و کۆتایی هاتنی پێغەمبەرایەتی
پێغەمبەرمان، چونکە ریوایەتەکان پێمان دەڵێن یەکەم شوێنکەوتەی
دووەمە، هەروەك لە دەقی فەرموودەکەدا هاتووە: مەسیح نوێژ لەدوای
ئیمامێکی موسڵمانەوە دەکات و ئەو بە شەریعەتێکی تازەوە نایەت تا
ببێتە نەسخکەرەوەی شەریعەتەکەی پێغەمبەر (د.خ)، ئەمە هەمووی وەك
تەئویلکردنێکە، چونکە فەرموودەیان لایە دەفەرموێت مەسیح دادەبەزێتە
سەر منارەی سپی لە دیمەشق و لەوێ مەهدی دەدۆزێتەوە لەکاتێکدا کە
پێشنوێژی بۆ خەلك دەکات، کاتێکیش مەهدی هەست دەکات —نازانم
چۆن هەست دەکات لەکاتێکدا ئەو نوێژ دەکات و ئیمامە و ئەویش لەدواوە
دێت— گەورەمان مەسیح دێت و لەپشت میحرابەکەوە دەبێت، ئەویش
مەسیح دەباتە پێشەوە، مەسیحیش دەفەرموێت پێی: (نا.. پێشەواتان
لەخۆتان دەبێت)، نوێژ لەدوای مەهدیەوە دەکات، پاشان دەجال
دەکوژێت تا کۆتایی باسەکە.

ئەم فەرموودانە پێویستیان بە راستاندنی قورئانی هەیە، پاشان دوای
راستاندن بوونی هەژموونی قورئانی بەسەریەوە، قورئانی پیرۆزیش کاتێك
وەسفی پێغەمبەر (د.خ) دەکات بەوەی دەبێتە شایەت بەسەر خەلکەوە
دوای ئەو تاکەکەسێکی تری دیاری نەکرد ببێتە شایەت بەسەر خەلکەوە،
بەلکو خوای گەورە دەفەرموێت : (لِّتَكُونُواْ شُهَدَاء عَلَى النَّاسِ وَيَكُونَ
الرَّسُولُ عَلَيْكُمْ شَهِيدًا) (البقرة: ١٤٣) واتە: {...تا ببنە شایەت بەسەر

خەڵکیەوە و بۆیان ڕوون بێت (کە ئەم ئاین و بەرنامەیە سەرتاپای خێرە بۆ تاک و کۆمەڵ بۆ گەل و نیشتمان، بۆ دنیا و قیامەت، هەروەها گشتگیرە و هەموو بوارەکانی ژیان ئاراستەی خێر دەکات)، هەروەها بۆ ئەوەش کە پێغەمبەر شایەتی بدات بۆ دڵسۆزانی ئوممەتی لەسەر ئەوەی کە بەئەرکی سەرشانی خۆیان هەستاون..}، کەواتە شایەتیەکە سپێردرا بە گەل، نەک بە تاکە کەسێك، ئەو چاکێتیەی کە وەسفی پێغەمبەری پێ کرا درا بە گەلەکەی لەپاش خۆی، تا بوو بە (چاکترین ئوممەتێك بۆ هیدایەتی خەلکی و خێری هەردوو جیهان)، هەر بەهەمانشێوەش میانڕەوی پێ سپێردرا: (وَكَذَلِكَ جَعَلْنَاكُمْ أُمَّةً وَسَطًا) (البقرة: ١٤٣) واتە: {..ئا بەوشێوەیە ئێمە ئێوەمان بەگەل و ئوممەتێکی میانڕەو گێڕاوە لە هەموو ڕوویەکەوە..}، کەواتە هەر هەولێك بۆ دەست بەسەراگرتنی مافی گەل یان ئەو ئەرکانەی کە دراوە بەسەریاندا، پێویستی بە بەلگەی قورئانی هەیە، یان بە فەرموودەی موتەواتەر، یان نزیك لە فەرموودەی متەواتەر هەیە، کە لە قورئاندا بنچینەیەکی هەبێت پاڵپشتی بکات، ئەگەرنا دەبێتە زەوتکردنی مافی گەل، چونکە لەم بوارەدا فەرمودەی زۆر هەیە وەك زانایانی فەرمووده دەلێن دەمانباتە ناو ڕێگایەك کە پێی دەوترێت ڕێگای "سابرین"، گرنگ ئەوەیە ئێستا ئێمە پێویستمان بەوەیە— هۆکاری زۆریشمان لەبەردەستە— کارێکی زیاتر لەسەر سوننەت بکەین، بە پێوەرەکانی خودی زانایانی فەرمووده بەبیّ ئەوەی لێی بترازێین، لەگەڵ پێویستبوونی راستاندنی قورئانی، خوای گەورە کارنامەی راستاندنی بۆ کەلەپووری هەموو پێغەمبەران سپاردووە بە قورئان

132

(مُصَدِّقًا لِّمَا بَيْنَ يَدَيْهِ مِنَ الْكِتَابِ وَمُهَيْمِنًا عَلَيْهِ) (المائدة: ٤٨) واته: {ئێمه
ئەم قورئانەمان نازڵکرد بۆ تۆ ئەی محمد (د.خ) کە هەموو حەقیقەت و
ڕاستیەکانی لە ئامێزگرتووە، بە ڕاستدانەری کتێبەکانی پێش خۆیەتی و
لەوانیش گرنگتر و پایەدارترە}، کەلەپووری پێغەمبەریش (د.خ) لە
قورئان جیاناکرێتەوە، کەواتە ئەو لەپێشترە تا قورئان ڕاستاندنی بۆ
بکات و هەژموونی هەبێت بەسەریدا، ئاشکرایشه مەبەستمان لە ڕاستاندنی
قورئانی پیرۆز، هەموو ئایین و هەموو ئەوەی کە دابەزێنراوەتە سەر
پێغەمبەران، یان پێغەمبەران هێناویانە گەڕاندنەوەیان بۆ حاڵەتی
ڕاستاندن و پاشان هەژموونکردن بەسەریاندا.

ئەوەی کە دەمەوێت سەرنجتانی بۆ ڕابکێشم ئەوەیە، پرسی
دابەزینی گەورەمان مەسیح لە قورئانی پیرۆزدا هیچ بەڵگەیەکی لەسەر
نییە[1]، پایەکانی باوەڕیشمان هەمووی لە قورئانەوە سەرچاوەی گرتووە:
باوەڕ بە خوا و بە فریشته و بە کتێبەکانی و بە نێردراوەکانی و بە ڕۆژی
دوایی و ئایەتەکانی قەدەریش کە ژمارەیان چل ئایەته کە دەربارەی
تێگەیشتن بەشێوەیەکی ڕاست و دروست لە قەدەر لە قورئانی پیرۆزدا
هاتوون.

<hr>

[1] ئەم بۆچونه یەکێکه لە رایه تایبەتەکانی نوسەر و هەندێک لە بیرمەندانی کۆن و نوێ، گوزارشت ناکات لە بۆچونی
سەنتەری زەهاوی و وەرگێڕ. وەرگێڕ

ئەمانە لەلای ئێمە پایەکانی باوەڕن، باوەڕی ئێمە باوەڕێکی بڕاوە و
یەقینیە، ناکرێت بە رێکاری رووکەشانە بچەسپێنرێت، پاشان تەنها یەك
مەزهەب هەیە کە بەلایەوە فەرموودەی تاک ئەگەر چەسپاوبێت و پێچەوانە
نەبێت لەگەڵ قورئاندا لە بواری بیروباوەڕدا وەردەگیرێت، ئەویش شانزە
مەرجی بۆ دانراوە، پاشان دەرگایەکی تریان بۆ کردینەوە کە لێیەوە
پرسـی مەهـدی و گـەورەمان مەسـیح و چـەندین بیروبـاوەڕی تـر کـە
سەرجەمیان دەکاتە زیاتر لە ٣٨٠ جۆر بیروباوەڕ هەروەك لە "طحاویة" و
زۆرێك لە کتێبەکانی زانستی کەلامدا هاتووە، لەکاتێکدا بیروباوەڕمان —
وەك لە قورئانی پیرۆزدا هاتووە— لەو پێنج پایەیەی کە ئاماژەمان پێ
کرد تێناپەڕێت.

پاشانیش ئەوەی کە قورئانی پیرۆز ئاماژەی پیـ کردووە دەربارەی
پرسی گەورەمان عیسی —سـەلامی خـوای لێبێت— دەبێت بەتەواوی لـە
چوارچێوەی یەك بونیادی قورئانیەوە لێی تێبگەین، ئەوەی کە قورئان
دەفەرمووێت: (إِنِّي مُتَوَفِّيكَ وَرَافِعُكَ إِلَيَّ) (آل عمران: ٥٥) واتـه: {...خـوای
گەورە بە عیسای فـەرموو: ئەی عیسـا مـن تـۆ دەمـرێنم، پاشان بـەرزت
دەکەمەوە بۆ لای خـۆم...}، بەرزکردنەوە بـەو مانایـە نییـە کە ئێمـە لـە
هزرماندا بیری لێدەکەینـەوە، بەتایبـەت لـەم پرسـەدا، کە بەزینـدووی
بەرزکردنەوەیە بۆ ئاسمان، چونکە بەرزکردنەوە لـە قورئانی پیرۆزدا بە
واتای تر هاتووە: (یَرْفَعِ اللَّهُ الَّذینَ آمَنُوا مِنكُمْ وَالَّذینَ أُوتُوا الْعِلْمَ دَرَجَاتٍ)
(المجادلة: ١١) واتە: {خـوای گـەورە ئەوانـەی ئیمان و باوەڕیان هێنـاوە

لەگەڵ ئەوانەدا کە زانست و زانیارییان پێدراوە لەلایەن ئەو زاتەوە بە چەندەها پلەی بەرز ڕێزی تایبەتیان هەیە}، هەروەها دەفەرموێت: (إِلَيْهِ يَصْعَدُ الْكَلِمُ الطَّيِّبُ وَالْعَمَلُ الصَّالِحُ يَرْفَعُهُ) (فاطر: ١٠) واتە: {گوفتاری شیرین و بەجێ و جوان و دروست هەر بۆ لای ئەو زاتە بەرز دەبێتەوە، کردەوە چاکەکانیش هەر ئەو زاتە خۆی بەرزی دەکاتەوە}، وە (وَرَفَعْنَا لَكَ ذِكْرَكَ) (الشرح: ٤) واتە: {هەروەها مەگەر ناو و ناوبانگی تۆمان بەرز نەکردۆتەوە}، هەروەها دەفەرموێت: (وَرَفَعْنَاهُ مَكَانًا عَلِيًّا) (مریم: ٥٧) واتە: {ئێمە بە هۆی خەبات و تێکۆشان و لێبڕانیەوە، پلەوپایەمان زۆر بەرز و بلّند ڕاگرت و ڕێزی تایبەتیمان بۆ دانا}، کەواتە ئێمە لەبەردەم چەمکێکی قورئانیداین ناوی (الرفع)ە، ئەم چەمکەش بەربڵاوەو لە زۆربەی سورەتەکاندا بوونی هەیە، ئەوەش ناگەیەنێت کە ئاماژەی کردبێت بۆ بەرزکردنەوەی هەستپێکراو.. لێکچوواندنی ژیان و بەرزکردنەوە لێکچوواندنی نەصرانیەکانە، چونکە نەصرانیەکان لە پرسی پێغەمبەر مەسیحدا بوون بە چەند مەزهەبێکەوە، هەیانە دەلێت: هەلّواسرا و کۆتایی پێهات، هەشیانە دەلێت: هەلّواسرا و "مەریەمی مەجدەلی" و دایکی توانیان بەرتیل بدەنە ئەو پاسەوانەی کە پاسەوانی قەبرەکەی دەکرد تا بوارێکیان بۆ بڕەخسێنێت بۆ هەناسەدان لەناو قەبرەکەدا، ئەوکات کونێکی لە قەبرەکەدا هێشتەوە تا هەناسەی لێوە بدات، هەروەها بەرتیلێکی تریان دا تا پاسەوانەکان قەبرەکە بەجێبهێلّن ئەوانیش قەبرەکەیان جێهێشت و رۆشتن، پاشان مەریەمی مەجدەلی و دایکی هاتن و پێغەمبەر مەسیحیان دەرهێنا و نانی (فصح)ی لەگەڵ قوتابیەکانیدا

خوارد که زۆربەیان له گوماندا بوون ئەوه مەسیح بێت، بۆیه هەندێکیان دەستیان لێ ئەدا و هەندێکی تریشیان پرسیاریان لێ دەکرد، ئەمەش بەگوێرەی ئەوەی خۆیان گێڕاویانەتەوه.... پاش ئەوه لەگەڵ مەریەمی مەجدەلی هاوسەرگیری کردوه، چەندین مندالیان خستۆتەوه و ژیانێکی ئاسایی بەسەربردوه، تا بەو شێوەیه وەفاتی کردوه.

هەشیان بووه دەڵێت: لێیان گۆڕاوه و بووەته هاوشێوەی ئەو کەسەی هەواڵی لێدا .. خوای گەوره ویستی وابوو سەرشۆڕی بکات بەوەی چواندیه پێغەمبەر مەسیح و ئەویان کوشت، پێغەمبەر مەسیحیش خۆی دەربازکرد.. له هەموو حاڵەتەکاندا ئەو رزگاری بوو، جیاوازی نییه ئەگەر گێڕانەوەکەی یەکەمی نەصرانیەکان وەربگرین یاخود گێڕانەوەی کۆتایی، به ژیانێکی ئاسایی ژیاوه تا وەفاتی کردوه ... ئەمه لای نەصرانیەکان، بەڵام لای خۆمان وشەی (الرفع)مان لا تێکەڵ بووه، بەگوێرەی تێگەیشتنی زۆرێک واته بەرزکراوەتەوه بۆ ئاسمان به زیندوویی تا جارێکی تر دابەزێتەوه، لەمەشدا دژایەتی هەیه.. چونکه له هەمان ئایەتدا که زاراوەی "الرفع"ی تێدا هاتووه دەفەرموێت: (إِنِّي مُتَوَفِّيكَ) من تۆ دەمرێنم، ئەوان سەرقاڵ بوون به لێچووەکەیەوه، ئەوەبوو هەڵیانواسی و کوشتیان، پێغەمبەر مەسیحیش هەڵهات.. ئیتر بۆچی به زیندوویی بەرزی دەکاتەوه؟ هیچ شتێک نییه ئەمه پێویست بکات و! چی وادەکات بەرز بکرێتەوه؟... هیچ شتێک... ئەگەر ئەوەش بەرزکردنەوه بێت ئەوا

پێچەوانەی "لێچواندنەکەیە"، کەواتە ئەوان هێنایان تا هەڵیواسن و خوایش رزگاری کرد !

ئەوان نەیانتوانی ئەو دژبوونەش بدۆزنەوە کە لەنێوان قسەکانی خۆیان و ئایەتە قورئانیەکاندا هەیە، هەتا لەنێوان خودی ئەو ئایەتەشدا کە بە بەڵگە بۆ لێکچوونەکە دەیانهێنایەوە کە لێیان تێکەڵبووە لەکاتێکدا ئەو رزگاری بووە، هیچ پێویستبوونێک نییە بۆ بەرزکردنەوە بەو واتایەی کە ئەوان لێی تێگەیشتوون، لەهەمانکاتدا ئەو لەبەرچاوی خەڵک نەماوە و لە شوێنێک خۆی حەشارداوە، وتراویشە ئەو لە میسر خۆی حەشارداوە، پاشان ژنی هێناوە و دوو کوڕیشی هەبووە یان کوڕ و کچێک و ژیانێکی ئاسایی کردووە، چونکە ئەو دوای رووداوەکە ئیتر بانگەوازی نەکردووە، دواتریش وەفاتی کردووە.

ئەم دژبوونەش لە گێڕانەوەکانی ئینجیلدا و لە هەندێ فەرموودەی ناو تەفسیرەکانی لای خۆشماندا هەیە، بۆیە پێویستە ئەم دژبوونە چارەسەر بکەین: (مُتَوَفِّيكَ وَرَافِعُكَ إِلَيَّ) بەرزت دەکەینەوە بە رۆح، هەموو رۆحێکیش بەرز دەکرێتەوە بۆ لای پەروەردگار، هەیانە دەچێتە ناو دۆزەخ، هەیشیانە دەخرێتە ناو بەهەشتی بالاوە (كِتَابٌ مَّرْقُومٌ * يَشْهَدُهُ الْمُقَرَّبُونَ) (المطففين: ٢٠-٢١) واتە: {ئەوە کتێب و سیڧی دۆسیەیەکی مۆرکراوو لۆک کراوە زۆر بەجوانی و رێکو پێکی هەڵگیراوە، ئەو نامەیە فریشتە رێزدارەکانی خودای میهرەبان دەیکەنەوە و بەسەرسامی خۆشیەوە سەرنجی کردەوە چاکەکانیان و خواپەرستی و خەبات و
137

جیهادی چاکان دەدەن و شایەتی لەسەر دەدەن}، کەواتە بەرزکردنەوەی لەلایەن خوای بەرز و بالادەستەوە وەك لە ئایەتە پیرۆزەکەدا هاتووە بەرزکردنەوەی رۆحیەتی، بەلگەشمان بۆ ئەوە هاتنی زاراوەی "الرفع"ە لە قورئانی پیرۆزدا بەم مانایە، هەمووان بەم شێوازە بەرز دەکرێنەوە: شەهیدان، کردەوەی چاك، شتی تریش... کەواتە پێویستە تێگەیشتن لە وشەی "الرفع" رزگار بکەین و ئەو بەشەی وشەی "الرفع" بۆ پێغەمبەر مەسیحیش بخەینە ریزی هەمان واتای پێشوو، بەلام ئایەتەکەی سورەتی الزخروف (وَإِنَّهُ لَعِلْمٌ لِّلسَّاعَةِ فَلَا تَمْتَرُنَّ بِهَا) (الزخرف: ٦١) واتە: {جا لە راستیدا گەڕانەوەی عیسا یەکێکە لە نیشانە گەورەکانی قیامەت، تۆی ئیمانداریش شك و گومانت لەو رووداوانە و بەرپابوونی قیامەت نەبێت} ئەمە گوتارێکە لەلایەن پێغەمبەری خوا (محەمەدی کوڕی عبدالله) وە بۆ خەلکی، پێیان دەلێیت ئەو سرووشەی کە خوای گەورە ناردوێتیە سەرم، زانسـتە دەربارەی رۆژی دوایـی، چـونکە پـاش مـن ئـیتر نێـردراو و پێغەمبەرێکی تر نایەت و بەلگەیە لەسەر نزیکی هاتنی ئەو رۆژە، کەواتە ئـەی خەلکینـە لـە خوا بترسن و شوێنم بکـەون.. ئـیتر چۆن دەتوانرێ کەلێنی ئاینی و رۆشنبیری لە گوتارەکەی پێغەمبەرەوە ببێتە بەلگە لەسـەر جیهـانییوونی پـەیامی پێغەمبـەر مەسیح، کـە ئـەو پـەیامێکی نەتەوەیی تایبەتە بۆ نەوەکانی ئیسرائیل (وَرَسُولاً إِلَى بَنِي إِسْرَائِيلَ).

خۆ ئەگەر ئەم باسـەی پێغەمبـەر مەسـیح و دابەزینـەوەی دووبـارە و پەیوەستکردنی بە پرسی حوکمڕانییەوە، بانگەشەی ئەوەی کە گوایە بۆ

ماوەی هەزار ساڵ حوکمڕانی دەکات و مەهدی چاوەڕوانکراویش ماوەی
چەند ساڵێک حوکمڕانی دەکات نەبوایە، ئەوا خۆمان نەئەدا لەقەرەی ئەم
باسەی کە تایبەتکراوە بۆ توێژینەوە لە بابەتی حوکمڕانی خوایی.

کۆتایی

ئەم چەند ساڵە کەمەی رابردوو، تیایدا چەمکی (حوکمڕانی خوایی) لەلایەن چەندین قوتابخانەی فیکری جۆراوجۆرەوە دەست بۆبردنی بەخۆوە بینی، هەندێکیان لەو سۆنگەوە باسیان لەم چەمکە کردووە هەروەك ئەوەی چۆن دەست دەبەیت بۆ هۆنراوەیەك، بەجۆرێك کە ئەوەندە بەس بێت شیتەڵی بکەیت و پاشان وشەکان ریز بکەیتەوە تا ماناکەی دەردەکەوێت، هەندێکی تریشیان بەجۆرێك باس و خواسی لێوەکردووە بەو پێیەی یەکێکە لە گرنگترینی مەبەستە شەرعیەکان و دەکرێت بە ئەو سەرچاوەیە هەژمار بکرێت کە لێیەوە حوکمڕانی و لقەکانی تری لێوە جیادەبێتەوە، تا زۆرێکی تر لەو جۆرە دەستبۆبردنانەی کە هیچی بۆ چەمکەکە زیاد نەکرد، جگە لە زیاتر ئاڵۆزکردنی نەبێت.

بینیمان چەمکی حوکمڕانی کە زۆرێك لە گرووپە سیاسیە هاوچەرخەکان بنیاتیان لەسەرناوە، لەبری ئەوەی بیکەنە چەمکی زیندووکردنەوە و نوێگەری کە توانای هەبێت سەرلەنوێ ئەم گەلە یەکبخاتەوە و پینەی ئەو دارمانە بکاتەوە کە لە بناغەکەیدا روویداوە بکاتە چەمکێك کە جیاوازی و دووبەرەکی و لێکترازانی قووڵتر کردەوە و کاریگەرییە نەرێنیەکەی زیاتر کرد، هەروەها بووەتە کرداری

لەبیرچوونەوە، یاخود لەبیربردنەوەی بەها قورئانییە بالا و بنەڕەتیەکان
کە وەستاوە لەسەر یەک خواپەرستی و پاککردنەوەی خود و ئاوەدانی و
گەل و بانگەواز، پاڵپشت بە کۆتا پێغەمبەرایەتی و شەریعەتێکی گشتی،
ناسراو بە ئاسانکار و لابەری دژواری و کۆتو بەند و زۆرەملێ و
ستەمکاری، گشتگیری و جیهانیبوون، یەکبوون لە تێڕوانین و بیروباوەڕ و
ئامانجەکان، مەبەستە شەرعیەکان، تا هەموو ئەمانە ببەخشێت بەو
جیهانەی کە زۆر ئاتاجیەتی، تا لە جوانترینی ئەو نموونانە پێشکەش
بکات کە پێغەمبەرانی چاولێکراو و سەرمەشق پێشکەشیان کردووە بەو
پێیەی ئەو گەلێک لە لوتکەدایە و وەسفکراوە بە چاکترین و بەمیانڕەو،
توانای هەیە هەستێت بە ئەرکی بوون بە شایەت بەسەر هەموو خەلکەوە،
ئا لێرەوە دەستمانکرد بە بینینی نەهامەتیەکی زۆر گەورەتر لە
نەهامەتیەکانی صەلیبی و تەتارەکان، ئەویش خۆی دەبینێتەوە لە
خۆبەهێزکردنی نەوەکانی گەلی موسلمان لەسەردەستی سەرسەخترین
دوژمنیدا بۆ دژایەتیکردنی براکانی خۆی، ئەمەش لە دەرەنجامی بوونی
ئەو جیاوازیانەوە سەرچاوەی گرتووە کە لەم چەمکانەدا هەیە، وای
لێهاتووە موسلمان زۆر بە ئاسانی لە ئایینەکەی دەردەچێت، بێئەوەی
هەست بکات کە ئەو جێکاری خۆی بەجێهێشتووە لە ناو ئیسلامدا،
پێیوایە عەلمانیەت پارێزەری گەلە لە کوشتار و شلەژان، چونکە ئەو
گومانی وایە — یاخود وایان لێکردووە گومانی وابێت — کە ئیسلام هیچی
پێ نییە جگە لە جیاکاری و لێکههلوەشان و هاندانی گرووپێک دژی
گرووپێکی تر، یەکتر کوشتن و دژایەتی یەکترکردن و دانانی بۆمبی چێنراو

و تەقاندنەوەی خەلکی بێتاوان و کوشتنی ژن و منالٚ بەبیٚ جیاوازی،
ئەویش دەرەنجامی جیاوازی سیاسی، یان مەزهەبە فیکریەکانە، یان
بەریەککەوتنی بەرژەوەندیەکانە، یاخود لەسەر جیاوازی ئینتیما، یاخود
هەرشتێکی ترە.

ئێمەش لەم توێژینەوەیەماندا بانگەشەی ئەوە ناکەین کە دەستمان
خستبێتە سەر هەموو لایەنەکانی باسەکە، بەلکو گرفتەکەمان وروژاند و
هەندێک پرسیارمان خستەروو، بەلکو ببێتە هۆی جۆشدانی هزرەکان
لەسەر توێژینەوەی ئەم چەمکەو چاوخشاندنەوەیەك پیایدا لەکاتێک بۆ
کاتێکی تر ، بەلٚام لە چوارچێوەی حوکمرانی قورئانی پیرۆزدا، نەك لە
هیچ چوارچێوەیەکی تردا.

سەنتەری زەهاوی بۆ لێکۆڵینەوەی فیکری

سەنتەرێکی کوردستانی ئاحکەرمی ئاسیاسییە، گرنگی
دەدات بە تویژینەوە و ئاوتویکردنی پرسە هزرییە
بنەرەتییەکان بۆ دووبارە هێنانەگوی دەق و تێکسته
پیرۆزەکان و چونیەتی دابەزاندنی چەمک مەعریفی و
بەبایەخەکانی ئیسلام لە بوارە جیاوازەکانی سەردەمدا.

ئامانجەکانی سەنتەر:

- بوژاندنەوەی بیرو هزر و بەکارخستنی مەعریفەی
ئیسلامی لە ناوەندە زانگویی و پەروەردەییەکاندا، بە
پشتبەستن بە بەهرە و توانا خودییەکانی ئەکادیمیانی
کوردستان و جیهانی ئیسلامی و ئەزموونی بیرمەندانی
موسلمان.

- پەرەپێدان و پەسەندکردنی ڕوانگەی زانستی مەنهەجی
لە چارەسەرکردنی کێشە و گرفتە هزرییەکاندا و
بیلایەنبوون لە پرسە خیالاقییەکاندا و خۆبەدووردگرتن
لە بریاری پێشوەخت و شیوازی سۆزدارانە و هەولدان
بۆ بابەتبیوون.

- کاراکردنی کەلەپووری دەولەمەندی ئیسلامی
و سوودوەرگرتن لە سەرچاوە گرنگەکانی بیری
ئیسلامی لە کۆن و نوێدا و سەرلەنوی هێنانەگوی
چەمک فیکرییە دووبراوەکان لە مێژووی ئیسلامیدا، بە
ڕەچاوکردنی گۆڕانەکانی سەردەم.

- پەرەپێدانی چەمکی ئیجتیدال لە کایە فیکری و
مەعریفییە جیاوازەکاندا و خۆبەدووردگرتن لە ئێهەراندن
و بازابەدان.

- سەنتەر کاردەکات بۆ سەرلەنوی و بەردەوام
خوێندنەوەی هەردوو پەراوی قورئان و بوونەوەر
بەپێی مەنهەج و میتۆدی زانستی و بەبێ چاولێکری،
بەلکو بە ئەفسیکی تازە و بە سوودوەرگرتن لە عەقلی
ڕاشکاو و ناقلی سەلمێنراو.

نووسەر:

تەها جابر ئەلعەلوانی
- لەدایکبوی سالّی: ١٩٣٥ لە عێراق.
- خاوەنی بروانامەی دکتۆرا بووە لە زانسته
ئیسلامییەکان، پلەی پرۆفیسیۆری لە بواری
ئسولّی فیقهدا.
- سەرۆکی زانکۆی زانسته ئیسلامی و
کۆمەلایەتییەکان بووە لە ئەمریکا – ڤێرجینیا.
- مامۆستا بووە لە زۆرێك لە زانکۆکانی جیهانی
عەرەبی و ئەمریکا.
- خاوەنی دەیان کتێب و نوسینه لە بوارەکانی
فیکر و رۆشنبیری ئیسلامیدا.
- بۆ ماوەی دە سالّ سەرۆکی پەیمانگای جیهانی
فیکری ئیسلامی بووە.
- لە سالّی ٢٠١٦ لە ولاتی میسر کۆچی دوایی
کردووه.

وەرگێر:

- عومەر عەلی ئەحمەد.
- لەدایکبوی هەلّەبجە -١٩٦٨.
- خاوەنی بروانامەی بەکالۆریۆسه لە بواری
ژمێریاری.
- گرنگی دەدات بەبوارەکانی فیکر و رۆشنبیری،
ولەو بوارانەدا خاوەنی چەندین نوسین بابەته.